MINISTÈRE DES TRAVAUX PUBLICS

LOIS ET RÈGLEMENTS

RELATIFS

AUX CHEMINS DE FER D'INTÉRÈT LOCAL

AUX TRAMWAYS

ET AUX AUTOMOBILES

PARIS

IMPRIMERIE NATIONALE

1900

MINISTÈRE DES TRAVAUX PUBLICS.

LOIS ET RÈGLEMENTS

RELATIFS

AUX CHEMINS DE FER D'INTÉRÊT LOCAL, AUX TRAMWAYS ET AUX AUTOMOBILES.

PARIS.

IMPRIMERIE NATIONALE.

——

1900.

192-57-1900.

LOI DU 11 JUIN 1880

AUX CHEMINS DE FER D'INTÉRÊT LOCAL ET AUX TRAMWAYS.

CHEMINS DE FER D'INTÉRÊT LOCAL.

ARTICLE PREMIER.

L'établissement des chemins de fer d'intérêt local par les départements ou par les communes, avec ou sans le concours des propriétaires intéressés, est soumis aux dispositions suivantes.

ART. 2.

S'il s'agit de chemins à établir par un département, sur le territoire d'une ou plusieurs communes, le conseil général arrête, après instruction préalable par le préfet et après enquête, la direction de ces chemins, le mode et les conditions de leur construction, ainsi que les traités et les dispositions nécessaires pour en assurer l'exploitation, en se

1.

conformant aux clauses et conditions du cahier des charges type approuvé par le Conseil d'État, sauf les modifications qui seraient apportées par la convention et la loi d'approbation.

Si la ligne doit s'étendre sur plusieurs départements, il y aura lieu à l'application des articles 89 et 90 de la loi du 10 août 1871.

S'il s'agit de chemins de fer d'intérêt local à établir par une commune sur son territoire, les attributions confiées au conseil général par le paragraphe 1er du présent article seront exercées par le conseil municipal dans les mêmes conditions et sans qu'il soit besoin de l'approbation du préfet.

Les projets de chemins de fer d'intérêt local départementaux ou communaux, ainsi arrêtés, sont soumis à l'examen du Conseil général des ponts et chaussées et du Conseil d'État. Si le projet a été arrêté par un conseil municipal, il est accompagné de l'avis du conseil général.

L'utilité publique est déclarée et l'exécution est autorisée par une loi.

ART. 3.

L'autorisation obtenue, s'il s'agit d'un chemin de fer concédé par le conseil général, le préfet, après avoir pris l'avis de l'ingénieur en chef du département, soumet les projets d'exécution au conseil général, qui statue définitivement.

Néanmoins, dans les deux mois qui suivent la délibération, le Ministre des travaux publics, sur la proposition du préfet, peut, après avoir pris l'avis du Conseil général des ponts et chaussées, appeler le conseil général du département à délibérer de nouveau sur lesdits projets.

Si la ligne doit s'étendre sur plusieurs départements et s'il y a désaccord entre les conseils généraux, le Ministre statue.

S'il s'agit d'un chemin concédé par un conseil municipal,

les attributions exercées par le conseil général, aux termes du paragraphe 1er du présent article, appartiennent au conseil municipal, dont la délibération est soumise à l'approbation du préfet.

Si un chemin de fer d'intérêt local doit emprunter le sol d'une voie publique, les projets d'exécution sont précédés de l'enquête prévue par l'article 29 de la présente loi.

Dans ce cas, sont également applicables les articles 34, 35, 37 et 38 ci-après.

Les projets de détail des ouvrages sont approuvés par le préfet, sur l'avis de l'ingénieur en chef.

ART. 4.

L'acte de concession détermine les droits de péage et les prix de transport que le concessionnaire est autorisé à percevoir pendant toute la durée de sa concession.

ART. 5.

Les taxes perçues dans les limites du maximum fixé par le cahier des charges sont homologuées par le Ministre des travaux publics, dans le cas où la ligne s'étend sur plusieurs départements et dans le cas de tarifs communs à plusieurs lignes. Elles sont homologuées par le préfet dans les autres cas.

ART. 6.

L'autorité qui fait la concession a toujours le droit :

1° D'autoriser d'autres voies ferrées à s'embrancher sur des lignes concédées ou à s'y raccorder;

2° D'accorder à ces entreprises nouvelles, moyennant le payement des droits de péage fixés par le cahier des charges, la faculté de faire circuler leurs voitures sur les lignes concédées;

3° De racheter la concession aux conditions qui seront fixées par le cahier des charges;

4° De supprimer ou de modifier une partie du tracé, lorsque la nécessité en aura été reconnue après enquête.

Dans ces deux derniers cas, si les droits du concessionnaire ne sont pas réglés par un accord préalable ou par un arbitrage établi soit par le cahier des charges, soit par une convention postérieure, l'indemnité qui peut lui être due est liquidée par une commission spéciale formée comme il est dit au paragraphe 3 de l'article 11 de la présente loi.

ART. 7.

Le cahier des charges détermine :

1° Les droits et les obligations du concessionnaire pendant la durée de la concession;

2° Les droits et les obligations du concessionnaire à l'expiration de la concession;

3° Les cas dans lesquels l'inexécution des conditions de la concession peut entraîner la déchéance du concessionnaire, ainsi que les mesures à prendre à l'égard du concessionnaire déchu.

La déchéance est prononcée, dans tous les cas, par le Ministre des travaux publics, sauf recours au Conseil d'État par la voie contentieuse.

ART. 8.

Aucune concession ne pourra faire obstacle à ce qu'il soit accordé des concessions concurrentes, à moins de stipulation contraire dans l'acte de concession.

ART. 9.

A l'expiration de la concession, le concédant est substitué à tous les droits du concessionnaire sur les voies ferrées, qui doivent lui être remises en bon état d'entretien.

Le cahier des charges règle les droits et les obligations

du concessionnaire en ce qui concerne les autres objets
mobiliers ou immobiliers servant à l'exploitation de la voie
ferrée.

ART. 10.

Toute cession totale ou partielle de la concession, la
fusion des concessions ou des administrations, tout changement de concessionnaire, la substitution de l'exploitation
directe à l'exploitation par concession, l'élévation des tarifs
au-dessus du maximum fixé, ne pourront avoir lieu qu'en
vertu d'un décret délibéré en Conseil d'État, rendu sur l'avis
conforme du conseil général, s'il s'agit de lignes concédées
par les départements, ou du conseil municipal, s'il s'agit de
lignes concédées par les communes.

Les autres modifications pourront être faites par l'autorité
qui a consenti la concession : s'il s'agit de lignes concédées
par les départements, elles seront faites par le conseil
général statuant conformément aux articles 48 et 49 de la
loi du 10 août 1871 ; s'il s'agit de lignes concédées par les
communes, elles seront faites par le conseil municipal,
dont la délibération devra être approuvée par le préfet.

En cas de cession, l'inobservation des conditions qui
précèdent entraîne la nullité et peut donner lieu à la
déchéance.

ART. 11.

A toute époque, une voie ferrée peut être distraite du
domaine public départemental ou communal et classée par
une loi dans le domaine de l'État.

Dans ce cas, l'État est substitué aux droits et obligations
du département ou de la commune, à l'égard des entrepreneurs ou concessionnaires, tels que ces droits et obligations
résultent des conventions légalement autorisées.

En cas d'éviction du concessionnaire, si ses droits ne
sont pas réglés par un accord préalable ou par un arbitrage
établi, soit par le cahier des charges, soit par une conven
tion postérieure, l'indemnité qui peut lui être due est liqui-

dée par une commission spéciale qui fonctionne dans les
conditions réglées par la loi du 29 mai 1845. Cette commission sera instituée par un décret et composée de neuf
membres, dont trois désignés par le Ministre des travaux
publics, trois par le concessionnaire et trois par l'unanimité
des six membres déjà désignés; faute par ceux-ci de s'entendre dans le mois de la notification à eux faite de leur
nomination, le choix de ceux des trois membres qui n'auront pas été désignés à l'unanimité sera fait par le premier
président et les présidents réunis de la cour d'appel de Paris.

En cas de désaccord entre l'État et le département ou la
commune, les indemnités ou dédommagements qui peuvent
être dus par l'État sont déterminés par un décret délibéré
en Conseil d'État.

ART. 12.

Les ressources créées en vertu de la loi du 21 mai 1836
peuvent être appliquées, en partie, à la dépense des voies
ferrées, par les communes qui ont assuré l'exécution de
leur réseau subventionné et l'entretien de tous les chemins
classés.

ART. 13.

Lors de l'établissement d'un chemin de fer d'intérêt local,
l'État peut s'engager, — en cas d'insuffisance du produit
brut pour couvrir les dépenses de l'exploitation et cinq
pour cent (5 p. o/o) par an du capital de premier établissement, tel qu'il a été prévu par l'acte de concession, augmenté, s'il y a lieu, des insuffisances constatées pendant la
période assignée à la construction par ledit acte, — à subvenir pour partie au payement de cette insuffisance, à la
condition qu'une partie au moins équivalente sera payée par
le département ou par la commune, avec ou sans le concours des intéressés.

La subvention de l'État sera formée : 1° d'une somme
fixe de cinq cents francs (500 fr.) par kilomètre exploité ;

2° du quart de la somme nécessaire pour élever la recette brute annuelle (impôts déduits) au chiffre de dix mille francs (10,000 fr.) par kilomètre pour les lignes établies de manière à recevoir les véhicules des grands réseaux; huit mille francs (8,000 fr.) pour les lignes qui ne peuvent recevoir ces véhicules.

En aucun cas, la subvention de l'État ne pourra élever la recette brute au-dessus de dix mille cinq cents francs (10,500 fr.) et de huit mille cinq cents francs (8,500 fr.), suivant les cas, ni attribuer au capital de premier établissement plus de cinq pour cent (5 p. o/o) par an.

La participation de l'État sera suspendue, quand la recette brute annuelle atteindra les limites ci-dessus fixées.

ART. 14.

La subvention de l'État ne peut être accordée que dans les limites fixées, pour chaque année, par la loi de finances.

La charge annuelle imposée au Trésor en exécution de la présente loi ne peut, en aucun cas, dépasser quatre cent mille francs (400,000 fr.) pour l'ensemble des lignes situées dans un même département.

ART. 15.

Dans le cas où le produit brut de la ligne pour laquelle une subvention a été payée devient suffisant pour couvrir les dépenses d'exploitation et six pour cent (6 p. o/o) par an du capital de premier établissement, tel qu'il est prévu par l'article 13, la moitié du surplus de la recette est partagée entre l'État, le département, ou, s'il y a lieu, la commune, et les autres intéressés, dans la proportion des avances faites par chacun d'eux, jusqu'à concurrence du complet remboursement de ces avances, sans intérêts.

ART. 16.

Un règlement d'administration publique déterminera :

2

1° Les justifications à fournir par les concessionnaires pour établir les recettes et les dépenses annuelles;

2° Les conditions dans lesquelles seront fixés, en exécution de la présente loi, le chiffre de la subvention due par l'État, le département ou les communes, et, lorsqu'il y aura lieu, la part revenant à l'État, au département, aux communes ou aux intéressés, à titre de remboursement de leurs avances sur le produit net de l'exploitation.

ART. 17.

Les chemins de fer d'intérêt local qui reçoivent ou ont reçu une subvention du Trésor peuvent seuls être assujettis envers l'État à un service gratuit ou à une réduction du prix des places.

ART. 18.

Aucune émission d'obligations, pour les entreprises prévues par la présente loi, ne pourra avoir lieu qu'en vertu d'une autorisation donnée par le Ministre des travaux publics, après avis du Ministre des finances.

Il ne pourra être émis d'obligations pour une somme supérieure au montant du capital-actions, qui sera fixé à la moitié au moins de la dépense jugée nécessaire pour le complet établissement et la mise en exploitation de la voie ferrée. Le capital-actions devra être effectivement versé, sans qu'il puisse être tenu compte des actions libérées ou à libérer autrement qu'en argent.

Aucune émission d'obligations ne doit être autorisée avant que les quatre cinquièmes du capital-actions aient été versés et employés en achat de terrains, approvisionnements sur place ou en dépôt de cautionnement.

Toutefois les concessionnaires pourront être autorisés à émettre des obligations, lorsque la totalité du capital-actions aura été versée, et s'il est dûment justifié que plus de la moitié de ce capital-actions a été employée dans les termes du paragraphe précédent; mais les fonds provenant de ces émissions anticipées devront être déposés à la Caisse des dépôts et consignations et ne pourront être mis à la disposition des concessionnaires que sur l'autorisation formelle du Ministre des travaux publics.

Les dispositions des paragraphes 2, 3 et 4 du présent article ne seront pas applicables dans le cas où la concession serait faite à une compagnie déjà concessionnaire d'autres chemins de fer en exploitation, si le Ministre des travaux publics reconnaît que les revenus nets de ces chemins sont suffisants pour assurer l'acquittement des charges résultant des obligations à émettre.

ART. 19.

Le compte rendu détaillé des résultats de l'exploitation, comprenant les dépenses d'établissement et d'exploitation et les recettes brutes, sera remis tous les trois mois, pour être publié, au préfet, au président de la commission départementale et au Ministre des travaux publics.

Le modèle des documents à fournir sera arrêté par le Ministre des travaux publics.

ART. 20.

Par dérogation aux dispositions de la loi du 15 juillet 1845 sur la police des chemins de fer, le préfet peut dispenser de poser des clôtures sur tout ou partie de la voie ferrée; il peut également dispenser de poser des barrières au croisement des chemins peu fréquentés.

ART. 21.

La construction, l'entretien et les réparations des voies ferrées avec leurs dépendances, l'entretien du matériel et le service de l'exploitation sont soumis au contrôle et à la surveillance des préfets, sous l'autorité du Ministre des travaux publics.

2.

Les frais de contrôle sont à la charge des concessionnaires. Ils seront réglés par le cahier des charges ou, à défaut, par le préfet, sur l'avis du conseil général, et approuvés par le Ministre des travaux publics.

ART. 22.

Les dispositions de l'article 20 de la présente loi sont également applicables aux concessions de chemins de fer industriels destinés à desservir des exploitations particulières.

ART. 23.

Sur la proposition des conseils généraux ou municipaux intéressés, et après adhésion des concessionnaires, la substitution, aux subventions en capital promises en exécution de l'article 5 de la loi de 1865, de la subvention en annuités stipulée par la présente loi, pourra, par décret délibéré en Conseil d'État, être autorisée en faveur des lignes d'intérêt local actuellement déclarées d'utilité publique et non encore exécutées.

Ces lignes seront soumises, dès lors, à toutes les obligations résultant de la présente loi.

Il n'y aura pas lieu de renouveler les concessions consenties ou les mesures d'instruction accomplies avant la promulgation de la présente loi, si toutes les formalités qu'elle prescrit ont été observées par avance.

ART. 24.

Toutes les conventions relatives aux concessions et rétrocessions de chemins de fer d'intérêt local, ainsi que les cahiers des charges annexés, ne seront passibles que du droit d'enregistrement fixe d'un franc.

ART. 25.

La loi du 12 juillet 1865 est abrogée.

CHAPITRE II.

TRAMWAYS.

ART. 26.

Il peut être établi, sur les voies dépendant du domaine public de l'État, des départements ou des communes, des tramways ou voies ferrées à traction de chevaux ou de moteurs mécaniques.

Ces voies ferrées, ainsi que les déviations accessoires construites en dehors du sol des routes et chemins et classées comme annexes, sont soumises aux dispositions suivantes.

ART. 27.

La concession est accordée par l'État lorsque la ligne doit être établie, en tout ou en partie, sur une voie dépendant du domaine public de l'État.

Cette concession peut être faite aux villes ou aux départements intéressés avec faculté de rétrocession.

La concession est accordée par le conseil général, au nom du département, lorsque la voie ferrée, sans emprunter une route nationale, doit être établie, en tout ou en partie, soit sur une route départementale, soit sur un chemin de grande communication ou d'intérêt commun, ou doit s'étendre sur le territoire de plusieurs communes.

Si la ligne doit s'étendre sur plusieurs départements, il y aura lieu à l'application des articles 89 et 90 de la loi du 10 août 1871.

La concession est accordée par le conseil municipal, lorsque la voie ferrée est établie entièrement sur le territoire de la commune et sur un chemin vicinal ordinaire ou sur un chemin rural.

ART. 28.

Le département peut accorder la concession à l'État ou à une commune avec faculté de rétrocession; une commune peut agir de même à l'égard de l'État ou du département.

ART. 29.

Aucune concession ne peut être faite qu'après une enquête dans les formes déterminées par un règlement d'administration publique et dans laquelle les conseils généraux des départements et les conseils municipaux des communes, dont la voie doit traverser le territoire, seront entendus, lorsqu'il ne leur appartiendra pas de statuer sur la concession.

L'utilité publique est déclarée et l'exécution est autorisée par décret délibéré en Conseil d'État, sur le rapport du Ministre des travaux publics, après avis du Ministre de l'intérieur.

ART. 30.

Toute dérogation ou modification apportée aux clauses du cahier des charges type, approuvé par le Conseil d'État, devra être expressément formulée dans les traités passés au sujet de la concession, lesquels seront soumis au Conseil d'État et annexés au décret.

ART. 31.

Lorsque, pour l'établissement d'un tramway, il y aura lieu à expropriation, soit pour l'élargissement d'un chemin vicinal, soit pour l'une des déviations prévues à l'article 26 de la présente loi, cette expropriation pourra être opérée conformément à l'article 16 de la loi du 21 mai 1836, sur les chemins vicinaux, et à l'article 2 de la loi du 8 juin 1864

ART. 32.

Lee projets d'exécution sont approuvés par le Ministre

des travaux publics, lorsque la concession est accordée par l'État.

Les dispositions de l'article 3 sont applicables, lorsque la concession est accordée par un département ou par une commune.

ART. 33.

Les taxes perçues dans les limites du maximum fixé par l'acte de concession sont homologuées par le Ministre des travaux publics, dans le cas où la concession est faite par l'État, et par le préfet dans les autres cas.

ART. 34.

Les concessionnaires de tramways ne sont pas soumis à l'impôt des prestations établi par l'article 3 de la loi du 21 mai 1836, à raison des voitures et des bêtes de trait exclusivement employées à l'exploitation du tramway.

Les départements ou les communes ne peuvent exiger des concessionnaires une redevance ou un droit de stationnement qui n'aurait pas été stipulé expressément dans l'acte de concession.

ART. 35.

A l'expiration de la concession, l'Administration peut exiger que les voies ferrées qu'elle avait concédées soient supprimées en tout ou en partie et que les voies publiques et leurs déviations lui soient remises en bon état de viabilité aux frais du concessionnaire.

ART. 36.

Lors de l'établissement d'un tramway desservi par des locomotives et destiné au transport des marchandises en même temps qu'au transport des voyageurs, l'État peut s'engager, — en cas d'insuffisance du produit brut pour

couvrir les dépenses d'exploitation et cinq pour cent
(5 p. o/o) par an du capital d'établissement tel qu'il a été
prévu par l'acte de concession et augmenté, s'il y a lieu,
des insuffisances constatées pendant la période assignée à la
construction par ledit acte, — à subvenir, pour partie, au
payement de cette insuffisance, à condition qu'une partie
au moins équivalente sera payée par le département ou par
la commune, avec ou sans le concours des intéressés.

La subvention de l'État sera formée : 1° d'une somme
fixe de cinq cents francs (500 fr.) par kilomètre exploité;
2° du quart de la somme nécessaire pour élever la recette
brute annuelle (impôts déduits) au chiffre de six mille francs
(6,000 fr.) par kilomètre.

En aucun cas, la subvention de l'État ne pourra élever
la recette brute au-dessus de six mille cinq cents francs
(6,500 fr.), ni attribuer au capital de premier établissement
plus de cinq pour cent (5 p. o/o) par an.

La participation de l'État sera suspendue de plein droit,
quand les recettes brutes annuelles atteindront la limite
ci-dessus fixée.

ART. 37.

La loi du 15 juillet 1845, sur la police des chemins de
fer, est applicable aux tramways, à l'exception des articles
4, 5, 6, 7, 8, 9 et 10.

ART. 38.

Un règlement d'administration publique déterminera les
mesures nécessaires à l'exécution des dispositions qui précèdent et notamment :

1° Les conditions spéciales auxquelles doivent satisfaire,
tant pour leur construction que pour la circulation des voitures et des trains, les voies ferrées dont l'établissement sur
le sol des voies publiques aura été autorisé;

2° Les rapports entre le service de ces voies ferrées et les autres services intéressés.

ART. 39.

Sont applicables aux tramways les dispositions des articles 4, 6 à 12, 14 à 19, 21 et 24 de la présente loi.

LOI DU 17 JUILLET 1883

AYANT POUR OBJET

DE RENDRE EXÉCUTOIRE, EN ALGÉRIE,

LA LOI DU 11 JUIN 1880,

SUR LES

CHEMINS DE FER D'INTÉRÊT LOCAL

ET LES TRAMWAYS.

ARTICLE UNIQUE.

La loi du 11 juin 1880, sur les chemins de fer d'intérêt local et les tramways, est rendue exécutoire en Algérie, à l'exception de l'article 31 et moyennant les modifications apportées aux articles 12 et 34 ci-après, savoir :

Art. 12. — Les ressources créées en vertu du décret du 5 juillet 1854 et celles qui pourront être créées en vertu de lois et décrets postérieurs pour l'établissement des chemins vicinaux pourront être appliquées, en partie, à la dépense des voies ferrées, par les communes qui auront assuré l'exécution de leur réseau subventionné et l'entretien de tous les chemins classés.

Art. 34. — Les concessionnaires de tramways ne sont pas soumis à l'impôt des prestations établi par l'article 4 du décret du 5 juillet 1854, à raison des voitures et des bêtes de trait exclusivement employées à l'exploitation du tramway.

Les départements ou les communes ne peuvent exiger des concessionnaires une redevance ou un droit de stationnement qui n'aurait pas été stipulé expressément dans l'acte de concession.

3.

DÉCRET DU 18 MAI 1881

portant règlement d'administration publique sur la forme des enquêtes, en matière de chemins de fer d'intérêt local et de tramways (1).

Les demandes tendant à établir des voies ferrées, à traction de chevaux ou de moteurs mécaniques, sur les voies dépendant du domaine public, sont adressées :

Au Ministre des travaux publics, lorsque la concession doit, conformément à l'article 27 de la loi susvisée, être accordée par l'État ;

Au préfet, lorsqu'elle doit être accordée par le conseil général ;

Au maire, lorsqu'elle peut l'être par le conseil municipal.

---

(1) *Le préambule du Décret est ainsi conçu :*

Le Président de la République française,

Sur le rapport du Ministre des travaux publics,

Vu la loi du 11 juin 1880 et, notamment, les articles ci-après :

« Article 29, § 1er (Chapitre 2. — Tramways). — Aucune concession ne peut être faite qu'après une enquête dans les formes déterminées par un règlement d'administration publique et dans laquelle les conseils généraux des départements et les conseils municipaux des communes, dont la voie doit traverser le territoire, seront entendus, lorsqu'il ne leur appartiendra pas de statuer sur la concession » ;

« Article 3, § 5 (Chapitre 1er. — Chemins de fer d'intérêt local). — Si un chemin de fer d'intérêt local doit emprunter le sol d'une voie publique, les projets d'exécution sont précédés de l'enquête prévue par l'article 29 de la présente loi » ;

Vu l'avis du Conseil général des ponts et chaussées, en date du 21 février 1881 ;

Le Conseil d'État entendu.

ART. 2.

La demande doit être accompagnée d'un avant-projet comprenant :

1° Un extrait de carte à l'échelle de 1/80,000°;

2° Un plan général des voies publiques empruntées, ainsi que des déviations proposées, à l'échelle de 1/10,000°, avec indication des constructions qui bordent ces voies publiques, des chemins publics ou particuliers qui s'en détachent, des plantations et des ouvrages d'art qui en dépendent; on désignera sur ce plan, au moyen de teintes conventionnelles, les sections du tramway que l'on projette de construire avec simple ou avec double voie et celles qui seraient établies avec rails encastrés dans la chaussée et plate-forme accessible à la circulation des voitures ordinaires, ou avec rails saillants et plate-forme non praticable pour les voitures ordinaires; on indiquera aussi les emplacements des stations, haltes, garages, et, en général, de toutes les dépendances du tramway;

3° Un profil en long à l'échelle de 1/5000° pour les longueurs et de 1/1000° pour les hauteurs, indiquant, au moyen d'un trait et de cotes noires, les déclivités de la voie publique existante et, au moyen d'un trait et de cotes rouges, celles de la voie ferrée, ainsi que les déviations projetées;

4° Des profils en travers types, à l'échelle de deux centimètres ($0^m,02$) pour mètre, indiquant les dispositions de la plate-forme de la voie ferrée avec le gabarit du matériel roulant, coté de dehors en dehors, de toutes les saillies latérales que ce matériel comporte; ces profils en travers devant s'appliquer soit au cas où la plate-forme de la voie ferrée resterait accessible et praticable pour les voitures ordinaires, soit au cas où la plate-forme de la voie ferrée ne devrait pas être accessible à la circulation des voitures ordinaires;

5° Un plan à l'échelle de cinq millimètres (0^{m}005) pour mètre de chacune des traverses suivies par le tramway.

Ce dernier plan sera dressé dans la forme des plans d'alignement des traverses.

Il indiquera les propriétés bâties en bordure, avec les noms des propriétaires.

Les caniveaux et les trottoirs y seront tracés exactement.

La zone qui doit être occupée par la circulation du matériel roulant du tramway (toutes saillies latérales comprises) sera limitée au moyen de deux traits bleus et cette zone sera recouverte d'une teinte bleue.

Des cotes en nombre suffisant serviront à indiquer, notamment dans les parties étroites, la largeur de la zone qui serait affectée à la circulation du matériel du tramway, la largeur de chacune des parties latérales de la chaussée qui resteraient libres entre la zone teintée en bleu comme il est dit ci-dessus et les bordures des trottoirs, ainsi que la largeur de chaque trottoir ou les largeurs qui seraient comprises entre la même zone et les façades des constructions.

ART. 3.

A l'avant-projet sera joint un mémoire descriptif indiquant le but de l'entreprise, les avantages qu'on peut s'en promettre et les dépenses qu'elle entraînera.

On y annexera le tarif des droits dont le produit serait destiné à couvrir les frais des travaux projetés.

Les données suivantes seront relatées dans un chapitre spécial du mémoire descriptif :

1° Le genre de service auquel le tramway serait affecté : voyageurs seulement, voyageurs et messageries ou voyageurs et marchandises;

2° Le mode d'exploitation projeté : avec arrêts seulement à certaines gares et haltes déterminées, — ou bien avec arrêts en pleine voie, à l'effet de prendre et de laisser sur tous les points du parcours les voyageurs et les marchandises d'une certaine catégorie (sous réserve de l'observation des règlements de police à intervenir), indépendamment des stationnements aux gares et haltes indiquées ;

3° Le minimum du rayon des courbes suivant lesquelles la voie ferrée serait tracée ;

4° Le maximum des déclivités des rampes et pentes de la voie ferrée ;

5° Le mode de traction qui serait employé ;

6° Le maximum de largeur du matériel roulant, toutes saillies latérales comprises ;

7° Les dispositions qui seraient proposées à l'effet de maintenir l'accès des chemins publics ou particuliers, ainsi que des maisons riveraines ;

8° Le minimum de la distance qui séparera la zone affectée au tramway des façades des propriétés riveraines situées en rase campagne ou de l'arête extérieure de l'accotement des voies publiques ;

9° Le maximum de la longueur des trains ;

10° Le maximum de la vitesse des trains ;

11° Le nombre minimum des trains qui seront mis chaque jour à la disposition du public.

ART. 4.

Après instruction, la demande est soumise à l'autorité qui doit faire la concession et celle-ci décide s'il y a lieu de procéder à l'enquête.

Quand cette autorité a décidé que l'enquête doit avoir lieu, le préfet prend un arrêté pour fixer le jour et les lieux où l'enquête sera ouverte et pour nommer les membres de la commission, le tout conformément aux règles ci-après.

Cet arrêté est affiché dans toutes les communes de chacun des cantons que la ligne doit traverser.

ART. 5.

La commission d'enquête se compose de sept membres au moins et de neuf au plus, pris parmi les principaux propriétaires de terres, de bois, de mines, les négociants et les chefs d'établissements industriels.

Si la ligne ne doit pas sortir des limites d'une commune, la commission se réunit à la mairie de cette commune; si elle traverse plusieurs communes d'un même arrondissement, la commission se réunit à la sous-préfecture de cet arrondissement; si elle traverse plusieurs arrondissements d'un même département, la commission siège à la préfecture; si elle traverse deux ou plusieurs départements, il est nommé une commission par département et chacune d'elles siège à la préfecture.

La commission désigne elle-même son président et son secrétaire.

ART. 6.

Les pièces indiquées aux articles 2 et 3 ainsi que des registres destinés à recevoir les observations auxquelles peut donner lieu l'entreprise projetée restent déposés pendant un mois à la mairie de chaque chef-lieu de canton que la ligne doit traverser, ou à la mairie de la commune, si la ligne ne sort pas du territoire d'une commune.

En outre, le plan de chaque traverse mentionnée au n° 5 de l'article 2 est déposé pendant le même temps avec un registre spécial à la mairie de la commune traversée.

Les pièces ci-dessus indiquées sont fournies par le demandeur en concession et à ses frais.

ART. 7.

A l'expiration du délai ci-dessus fixé, la commission d'enquête se réunit sur la convocation du préfet, du sous-préfet ou du maire, suivant le lieu où elle doit siéger; elle exa-

4

mine les déclarations consignées aux registres de l'enquête, entend les ingénieurs des ponts et chaussées et des mines employés dans le département et, après avoir recueilli, auprès de toutes les personnes qu'elle juge utile de consulter, les renseignements dont elle croit avoir besoin, elle donne son avis motivé tant sur l'utilité de l'entreprise que sur les diverses questions qui ont été posées par l'Administration ou soulevées au cours de l'enquête.

Ces diverses opérations, dont elle dresse procès-verbal, doivent être terminées dans un délai de quinze jours.

ART. 8.

Aussitôt que le procès-verbal de la commission d'enquête est clos et, au plus tard, à l'expiration du délai fixé en vertu de l'article précédent, le président de la commission transmet ledit procès-verbal au préfet avec les registres et les autres pièces.

ART. 9.

Les chambres de commerce et à défaut les chambres consultatives des arts et manufactures des villes intéressées à l'exécution des travaux sont appelées par le préfet à délibérer et à exprimer leur opinion sur l'utilité et la convenance de l'entreprise.

Les procès-verbaux de leurs délibérations doivent être remis au préfet avant l'expiration du délai fixé dans l'article 7.

ART. 10.

Les conseils généraux des départements et les conseils municipaux des communes, dont la voie projetée doit traverser le territoire, convoqués au besoin en session extraordinaire, sont appelés à délibérer et à émettre leur avis sur les mêmes objets, lorsqu'il ne leur appartient pas de statuer sur la concession.

ART. 11.

Lorsque toutes les formalités prescrites par les articles précédents ont été remplies, ainsi que celles qui peuvent être nécessaires aux termes des lois et règlements sur les travaux mixtes, le préfet adresse dans le plus bref délai possible le dossier complet, avec l'avis des ingénieurs et son avis particulier, à l'autorité qui doit donner la concession ; il joint à ce dossier le projet du cahier des charges de la concession.

ART. 12.

Les dispositions qui précèdent sont applicables aux chemins de fer d'intérêt local qui doivent emprunter le sol de voies publiques sur une partie de leur parcours.

Les avant-projets et mémoires descriptifs de ces lignes de chemin de fer sont complétés conformément aux articles 2 et 3 du présent décret et au paragraphe 5 de l'article 3 de la loi susvisée, pour ce qui concerne les sections à poser sur les voies publiques.

L'enquête faite dans les formes ci-dessus sert pour faire déclarer l'utilité publique de l'entreprise et pour en faire autoriser l'exécution tant sur le sol des routes et chemins qu'en dehors des voies publiques.

ART. 13.

Le Ministre des travaux publics est chargé de l'exécution du présent décret, qui sera publié au Journal officiel et inséré au Bulletin des lois.

DÉCRET DU 6 AOÛT 1881 [1]

modifié par les décrets des 30 janvier 1894, 3 août 1898, 25 juillet 1899 et 13 février 1900 [2], *portant règlement d'administration publique pour l'exécution de l'article 38 de la loi du 11 juin 1880.*

(Établissement et exploitation des voies ferrées sur le sol des voies publiques.)

TITRE PREMIER.

CONSTRUCTION.

ARTICLE PREMIER.

(Modifié par le décret du 13 février 1900.)

Aucun travail ne peut être entrepris pour l'établissement d'une voie ferrée sur le sol de voies publiques qu'avec l'au-

Projet d'exécution.

---

(1) *Le préambule du décret du 6 août 1881 est ainsi conçu :*

LE PRÉSIDENT DE LA RÉPUBLIQUE FRANÇAISE,

Sur le rapport du Ministre des travaux publics,

Vu la loi du 11 juin 1880 et, notamment, l'article 38 ainsi conçu :

« Un règlement d'administration publique déterminera les mesures nécessaires à l'exécution des dispositions qui précèdent et notamment :

« 1° Les conditions spéciales auxquelles doivent satisfaire, tant pour leur construction que pour la circulation des voitures et des trains, les voies ferrées dont l'établissement sur le sol des voies publiques aura été autorisé ;

« 2° Les rapports entre le service de ces voies ferrées et les autres services intéressés » ;

Vu les avis du Conseil général des ponts et chaussées, en date des 20 janvier et 7 juillet 1881 ;

Le Conseil d'État entendu.

(2) *Le préambule du décret du 13 février 1900, qui a modifié les*

torisation de l'administration compétente donnée sur le vu des projets d'exécution.

Chaque projet d'exécution comprend l'extrait de carte, le plan général, le profil en long, les profils en travers types et les plans de traverses dont la production est exigée par l'article 2 du règlement d'administration publique du 18 mai 1881, — ces documents dressés dans la forme pres-

---

articles 1ᵉʳ, 4, 21, 22, 23, 28, 32, 33, 34, 37, 39 et 42 du décret du 6 août 1881 et qui a été promulgué au Journal officiel *du 14 février 1900, est ainsi conçu :*

Le Président de la République française,

Sur le rapport du Ministre des travaux publics,

Vu la loi du 11 juin 1880 sur les chemins de fer d'intérêt local et les tramways;

Vu le décret du 6 août 1881, portant règlement d'administration publique pour l'exécution de l'article 38 de ladite loi (établissement et exploitation des voies ferrées sur le sol des voies publiques);

Vu le décret du 30 janvier 1894, modifiant l'article 5 du décret ci-dessus visé du 6 août 1881; le décret du 3 août 1898, modifiant l'article 48, et le décret du 25 juillet 1899, modifiant l'article 27;

Vu les décrets du 6 août 1881, approuvant les cahiers des charges types dressés en exécution des articles 2 et 30 de la loi du 11 juin 1880 pour la concession des chemins de fer d'intérêt local et des tramways;

Vu le décret du 31 juillet 1898, modifiant l'article 61 du cahier des charges type des chemins de fer d'intérêt local;

Vu le rapport présenté, le 8 avril 1897, par une commission spéciale, au sujet des modifications à apporter au décret du 6 août 1881, concernant l'établissement et l'exploitation des voies ferrées sur le sol des voies publiques, et aux cahiers des charges types approuvés par les décrets du 6 août 1881 ci-dessus visés;

Vu les avis du Comité de l'exploitation technique des chemins de fer, en date du 24 novembre 1896 et du 12 décembre 1899;

Vu l'avis du Conseil général des ponts et chaussées, en date des 17, 24 et 28 juin 1897;

Le Conseil d'État entendu.

crite par l'article précité et dûment complétés ou rectifiés d'après les résultats de l'instruction à laquelle l'avant-projet a été soumis.

Le projet d'exécution comprend en outre :

1° Des profils en travers à l'échelle de 5 millimètres pour mètre, relevés en nombre suffisant, principalement dans les traverses et dans les parties où les voies publiques empruntées n'ont pas la largeur et le profil normal;

2° Un devis descriptif dans lequel sont reproduites, sous forme de tableau, les indications relatives aux déclivités et aux courbes déjà données sur le profil en long;

3° Un mémoire dans lequel toutes les dispositions essentielles du projet sont justifiées.

Dans le cas où les travaux ne sont pas exécutés par le département, les projets d'exécution sont remis au préfet en deux expéditions.

L'une de ces expéditions est rendue au concessionnaire, ou à la commune, si c'est elle qui exécute les travaux, revêtue de l'approbation qui aura été donnée, suivant les cas, soit par le Ministre des travaux publics, soit par le préfet, en se conformant à la décision de l'autorité compétente, et l'autre expédition demeurera entre les mains du préfet.

Lorsque les travaux sont exécutés par le département ou la commune pour être remis ensuite à un exploitant, les projets sont communiqués à ce dernier avant toute approbation, pour qu'il puisse fournir ses observations.

Les projets comprenant des déviations en dehors du sol des routes et chemins sont soumis à l'approbation du Ministre des travaux publics, pour ce qui concerne la grande voirie et les cours d'eau, et ne peuvent être adoptés par l'autorité qui a donné la concession que sous la réserve des décisions prises ou à prendre par le Ministre des travaux publics sur les objets qui précèdent.

Avant comme pendant l'exécution, le concessionnaire

aura la faculté de proposer aux projets approuvés les modifications qu'il jugerait utiles; mais ces modifications ne pourront être exécutées qu'avec l'approbation de l'autorité qui a revêtu de sa sanction les dispositions à modifier.

De son côté, l'Administration pourra ordonner d'office les modifications dont l'expérience ou les changements à opérer sur la voie publique feraient reconnaître la nécessité.

En aucun cas, ces modifications ne pourront donner lieu à indemnité.

ART. 2.

Bureaux d'attente et de contrôle, égouts, etc.

La position des bureaux d'attente et de contrôle qui peuvent être autorisés sur la voie publique, celle des égouts, de leurs bouches et regards, et des conduites d'eau et de gaz, doivent être indiquées sur les plans présentés par le concessionnaire, ainsi que tout ce qui serait de nature à influer sur la position de la voie ferrée et sur le bon fonctionnement de divers services qui peuvent en être affectés.

ART. 3.

Voies doubles et gares d'évitement.

Le projet d'exécution indique le nombre des voies à établir sur les différentes sections des lignes concédées, ainsi que le nombre et la disposition des gares d'évitement.

ART. 4.

(Modifié par le décret du 13 février 1900.)

Largeur de la voie. Gabarit du matériel. Entre-voie.

La largeur de la voie est fixée pour chaque concession par le cahier des charges.

La largeur et la hauteur maxima des caisses des véhicules, ainsi que de leurs chargements, et la largeur extrême occupée par le matériel roulant, y compris toutes saillies, sont fixées par le cahier des charges.

Dans les parties à plusieurs voies, la largeur de chaque entrevoie est telle qu'il reste un intervalle libre d'au moins cinquante centimètres (0ᵐ,50) entre les parties les plus saillantes de deux véhicules qui se croisent.

ART. 5.

(Modifié par le décret du 30 janvier 1894.)

L'autorité qui a fait la concession détermine les sections de la ligne où la voie sera établie au niveau de la chaussée, avec rails noyés, en restant accessible et praticable pour les voitures ordinaires, et celles où elle sera placée sur un accotement praticable pour les piétons, mais interdit aux voitures ordinaires.

Le cahier des charges de chaque concession détermine les largeurs qui doivent être réservées pour la libre circulation sur la voie publique, de telle façon que le croisement de deux voitures soit toujours assuré, l'une de ces deux voitures pouvant être le véhicule du tramway dans le premier des deux cas considérés ci-dessus.

Les dispositions prescrites doivent d'ailleurs assurer dans tous les cas la sécurité du piéton qui circule sur la voie publique et celle du riverain dont les bâtiments sont en façade sur cette voie.

Si l'emplacement occupé par la voie ferrée reste accessible et praticable pour les voitures ordinaires, les rails sont à gorge ou accompagnés de contre-rails; la largeur des vides ou ornières ne peut excéder vingt-neuf millimètres (0ᵐ,029) dans les parties droites et trente-cinq millimètres (0ᵐ,035) dans les parties courbes. Les voies ferrées sont posées au niveau de la chaussée, sans saillie ni dépression sur le profil normal de celle-ci.

Toutefois, l'Administration peut, à titre révocable, dispenser le concessionnaire de poser des rails à gorge ou des contre-rails sur tout ou partie des voies publiques dont le sol est emprunté par la voie ferrée.

Établissement de la voie ferrée. Largeur réservée à la circulation publique.

5

ART. 6.

Parties de routes
à modifier.
Traversées à niveau.
Accès
des
propriétés riveraines.

Le concessionnaire fournit, sur les points qui lui sont indiqués, des emplacements pour le dépôt des matériaux d'entretien qui trouvaient place auparavant sur l'accotement occupé par la voie ferrée.

Lorsque, pour maintenir la voie de fer dans les limites de courbure et de déclivité fixées par le cahier des charges, ou pour maintenir le fonctionnement des services intéressés (article 2), on doit faire subir quelques modifications à l'état de la voie publique, le concessionnaire exécute tous les travaux, soit à ses frais, soit avec le concours des services intéressés, s'il y a lieu, conformément aux projets approuvés par l'Administration.

Il opère pareillement les élargissements qui sont indispensables afin de restituer à la voie publique la largeur exigée en vertu de l'article précédent.

Il doit maintenir l'accès à la voie publique des voitures ordinaires, au droit des chemins publics et particuliers ainsi que des entrées charretières qui seraient interceptées par la voie de fer. La traversée des routes et des chemins publics ou particuliers est opérée à niveau, sans que le rail forme saillie ou dépression sur la surface de ces chemins.

Le concessionnaire doit d'ailleurs prendre les dispositions nécessaires pour faciliter l'exécution des travaux qui sont prescrits ou autorisés par l'Administration afin de créer de nouveaux accès, soit aux chemins publics et particuliers, soit aux propriétés riveraines.

ART. 7.

Déviations
à construire
en dehors du sol
des routes
et
chemins.

Les déviations à construire en dehors du sol des routes et chemins et à classer comme annexes sont établies conformément aux dispositions arrêtées par l'autorité compétente.

ART. 8.

Le concessionnaire est tenu de rétablir et d'assurer à ses frais, pendant la durée de la concession, les écoulements d'eau qui seraient arrêtés, suspendus ou modifiés par ses travaux.

Il rétablit de même les communications publiques ou particulières que l'exécution de ses travaux l'oblige à modifier momentanément.

Écoulement
des eaux.
Rétablissement
des communications.

ART. 9.

La démolition des chaussées et l'ouverture des tranchées pour la pose et l'entretien de la voie ferrée sont effectuées avec célérité et avec toutes les précautions convenables.

Les chaussées doivent être remises dans le meilleur état.

Les travaux sont conduits de manière à ne pas compromettre la liberté et la sûreté de la circulation. Toute fouille restant ouverte sur le sol des voies publiques, ainsi que tout dépôt de matériaux, est éclairée et gardée au besoin pendant la nuit, jusqu'à ce que la voie publique soit débarrassée et rendue conforme au profil normal du projet.

Exécution
des travaux.

ART. 10.

Le cahier des charges indiquera si le tramway devra s'arrêter en pleine voie pour prendre ou laisser des voyageurs ou des marchandises sur tous les points du parcours, ou si, au contraire, il ne s'arrêtera qu'à des gares, stations ou haltes désignées, ou si enfin les deux modes d'exploitation seront combinés.

Dans ces deux derniers cas, si les gares, stations et haltes n'ont pas été déterminées par le cahier des charges, elles le seront lors de l'approbation des projets définitifs par l'autorité concédante, sur la proposition du concessionnaire et après enquête.

Gares et stations.

5.

Si, pendant l'exploitation, de nouvelles stations, gares ou haltes sont reconnues nécessaires d'accord entre l'autorité concédante et le concessionnaire, il sera procédé à une enquête spéciale dans les formes prescrites par le règlement d'administration publique du 18 mai 1881 et l'emplacement en sera définitivement arrêté par le préfet, le concessionnaire entendu.

Le nombre, l'étendue et l'emplacement des gares d'évitement seront déterminés par le préfet, le concessionnaire entendu; si la sécurité l'exige, le préfet pourra, pendant le cours de l'exploitation, prescrire l'établissement de nouvelles gares d'évitement ainsi que l'augmentation des voies dans les stations et aux abords des stations.

Le concessionnaire est tenu, préalablement à tout commencement d'exécution, de soumettre au préfet le projet des gares, stations ou haltes, lequel se compose :

1° D'un plan à l'échelle de $\frac{1}{500}$, indiquant les voies, les quais, les bâtiments et leur distribution intérieure, ainsi que la disposition de leurs abords ;

2° D'une élévation des bâtiments à l'échelle d'un centimètre par mètre ;

3° D'un mémoire descriptif dans lequel les dispositions essentielles du projet sont justifiées.

ART. 11.

Indemnités de terrains et de dommages.

Tous les terrains nécessaires pour l'établissement de la voie ferrée et de ses dépendances en dehors du sol des routes et chemins, pour la déviation des voies de communication et des cours d'eau déplacés et, en général, pour l'exécution des travaux, quels qu'ils soient, auxquels cet établissement peut donner lieu, sont achetés et payés par le concessionnaire, à moins que l'autorité qui fait la concession n'ait pris l'engagement de fournir elle-même les terrains.

Les indemnités pour occupation temporaire ou pour détérioration de terrains, pour chômage, modification ou destruction d'usines et pour tous dommages quelconques résultant des travaux, sont supportées et payées par le concessionnaire.

ART. 12.

L'entreprise étant d'utilité publique, le concessionnaire est investi, pour l'exécution des travaux dépendant de sa concession, de tous les droits que les lois et règlements confèrent à l'Administration en matière de travaux publics, soit pour l'acquisition des terrains par voie d'expropriation, soit pour l'extraction, le transport ou le dépôt des terres, matériaux, etc., et il demeure en même temps soumis à toutes les obligations qui dérivent, pour l'Administration, de ces lois et règlements.

Droits conférés au concessionnaire.

ART. 13.

Dans les limites de la zone frontière et dans le rayon des servitudes des enceintes fortifiées, le concessionnaire est tenu, pour l'étude et l'exécution de ses projets, de se soumettre à l'accomplissement de toutes les formalités et de toutes les conditions exigées par les lois, décrets et règlements concernant les travaux mixtes.

Servitudes militaires

ART. 14.

Si la voie ferrée traverse un sol déjà concédé pour l'exploitation d'une mine, le Ministre des travaux publics détermine les mesures à prendre pour que l'établissement de cette voie ne nuise pas à l'exploitation de la mine et, réciproquement, pour que, le cas échéant, l'exploitation de la mine ne compromette pas l'existence de la voie ferrée.

Les travaux de consolidation à faire dans l'intérieur de la mine, en raison de la traversée de la voie ferrée, et tous les dommages résultant de cette traversée pour les concession-

Mines.

naires de la mine sont à la charge du concessionnaire de
la voie ferrée.

ART. 15.

Carrières.

Si la voie ferrée s'étend sur des terrains renfermant des
carrières ou les traverse souterrainement, elle ne peut être
livrée à la circulation avant que les excavations qui pourraient en compromettre la solidité aient été remblayées ou
consolidées.

Le Ministre des travaux publics détermine la nature et
l'étendue des travaux qu'il convient d'entreprendre à cet
effet et qui sont d'ailleurs exécutés par les soins et aux
frais du concessionnaire.

ART. 16.

Contrôle
et surveillance
des travaux.

Les travaux sont soumis au contrôle et à la surveillance
du préfet, sous l'autorité du Ministre des travaux publics.

Ce contrôle et cette surveillance ont pour objet d'empêcher le concessionnaire de s'écarter des dispositions prescrites par le présent règlement et de celles qui résultent soit
des cahiers des charges, soit des projets approuvés.

ART. 17.

Réception
des travaux.

A mesure que les travaux sont terminés sur des parties
de voie ferrée susceptibles d'être livrées utilement à la circulation, il est procédé à la reconnaissance et, s'il y a lieu,
à la réception provisoire de ces travaux par un ou plusieurs
commissaires que le préfet désigne.

Sur le vu du procès-verbal de cette reconnaissance, le
préfet autorise, s'il y a lieu, la mise en exploitation des
parties dont il s'agit; après cette autorisation, le concessionnaire peut mettre lesdites parties en service et y percevoir
les taxes déterminées par le cahier des charges. Toutefois,
ces réceptions partielles ne deviennent définitives que par
la réception générale de la voie ferrée, laquelle est faite
dans la même forme que les réceptions partielles.

ART. 18.

Immédiatement après l'achèvement des travaux et au plus tard six mois après la mise en exploitation de la ligne ou de chaque section, le concessionnaire doit faire faire à ses frais un bornage contradictoire avec chaque propriétaire riverain, en présence du préfet ou de son représentant, ainsi qu'un plan cadastral des parties de la voie ferrée et de ses dépendances qui sont situées en dehors du sol des routes et chemins. Il fait dresser également à ses frais, et contradictoirement avec les agents désignés par le préfet, un état descriptif de tous les ouvrages d'art qui ont été exécutés, ledit état accompagné d'un atlas contenant les dessins cotés de tous les ouvrages.

Bornage et plan cadastral des parties en déviation.

Une expédition dûment certifiée des procès-verbaux de bornage, du plan cadastral, de l'état descriptif et de l'atlas est dressée aux frais du concessionnaire et déposée dans les archives de la préfecture.

Les terrains acquis par le concessionnaire postérieurement au bornage général, en vue de satisfaire aux besoins de l'exploitation, et qui, par cela même, deviennent partie intégrante de la voie ferrée, donnent lieu, au fur et à mesure de leur acquisition, à des bornages supplémentaires et sont ajoutés sur le plan cadastral; addition est également faite sur l'atlas de tous les ouvrages d'art exécutés postérieurement à sa rédaction.

TITRE II.

ENTRETIEN ET EXPLOITATION.

ART. 19.

La voie ferrée et tout le matériel qui en dépend doivent être constamment entretenus en bon état, de manière que la circulation y soit toujours facile et sûre.

Entretien.

Les frais d'entretien et ceux auxquels donnent lieu les réparations ordinaires et extraordinaires de la voie ferrée sont à la charge du concessionnaire.

Sur les sections à rails noyés où la voie ferrée est accessible aux voitures ordinaires, l'entretien du pavage ou de l'empierrement de la surface affectée à la circulation du tramway est réglé, pour chaque concession, par le cahier des charges, qui indique le service chargé d'exécuter cet entretien, ainsi que la répartition des dépenses.

Sur les sections où la voie ferrée n'est pas accessible aux voitures ordinaires, l'entretien, qui est à la charge du concessionnaire, comprend la surface entière des voies, augmentée d'une zone d'un mètre ($1^m,00$), qui sera mesurée à partir de chaque rail extérieur.

Si la voie ferrée et les parties de la voie publique dont l'entretien est confié au concessionnaire ne sont pas constamment entretenues en bon état, il y est pourvu d'office à la diligence du préfet et aux frais du concessionnaire, sans préjudice, s'il y a lieu, de l'application des dispositions indiquées ci-après dans l'article 41.

Le montant des avances faites est recouvré au moyen de rôles que le préfet rend exécutoires.

ART. 20.

Du matériel employé à l'exploitation.

Le matériel roulant qui est mis en circulation sur la voie ferrée doit passer librement dans le gabarit, dont les dimensions sont fixées conformément aux dispositions de l'article 4 du présent règlement.

La traction est opérée conformément aux clauses de la concession.

ART. 21.

(Modifié par le décret du 13 février 1900.)

Machines locomotives à vapeur.

Les machines locomotives à vapeur sont construites sur les meilleurs modèles; elles doivent satisfaire aux prescriptions des articles 7, 8, 9, 11 et 15 de l'ordonnance du

15 novembre 1846 et, pour ce qui concerne spécialement leur générateur, aux dispositions du décret du 30 avril 1880.

Les types des machines employées, leur poids et leur maximum de charge par essieu doivent être approuvés par le préfet, sur l'avis du service du contrôle, eu égard aux besoins de l'exploitation et à la composition ainsi qu'à l'état de la voie.

Les machines et les tenders doivent être munis de frein à main.

Les moyens de freinage des machines et tenders doivent être assez puissants pour que, lancées avec une vitesse de vingt kilomètres (20^k) à l'heure, sur des rails secs et propres et sur une voie en palier, les machines puissent être arrêtées sur un espace de vingt mètres (20^m) au plus, à partir du moment où le serrage est ordonné.

Les locomotives à feu ne doivent donner aucune odeur et ne doivent répandre, sur la voie publique, ni flammèches, ni escarbilles, ni cendres, ni fumée, ni eau excédante, le concessionnaire étant expressément responsable de tout incendie causé par l'emploi des machines à feu, soit sur la voie publique, soit dans les propriétés riveraines.

Aucune locomotive ne peut être mise en service qu'en vertu d'un permis spécial de circulation délivré par le préfet, sur la proposition du service du contrôle, après accomplissement des formalités prescrites pour les locomotives de chemins de fer et après vérification de l'efficacité des moyens de freinage.

ART. 22.

(Modifié par le décret du 13 février 1900.)

Les machines fixes et les machines locomotives de tout autre système que la machine locomotive à vapeur munie d'un foyer doivent satisfaire aux prescriptions spéciales arrêtées par le Ministre des travaux publics.

Autres
moteurs mécaniques.

6

S'il est fait usage de l'énergie électrique pour la traction, l'étude et l'exécution des projets, ainsi que l'exploitation de la ligne concédée, sont soumises à l'accomplissement de toutes les formalités et à toutes les conditions prescrites par les lois, décrets et règlements concernant les installations électriques.

ART. 23.

(Modifié par le décret du 13 février 1900.)

Voitures et wagons.

Les voitures de voyageurs doivent satisfaire aux prescriptions des articles 8, 9, 12, 13, 14 et 15 de l'ordonnance royale du 15 novembre 1846. Elles sont suspendues sur ressorts. Elles peuvent être à deux étages, lorsque la largeur de la voie n'est pas inférieure à 1 mètre.

L'étage inférieur est complètement couvert, garni de banquettes avec dossiers, fermé à glaces au moins pendant l'hiver, muni de rideaux et éclairé pendant la nuit; l'étage supérieur est garni de banquettes avec dossiers; on y accède au moyen d'escaliers qui sont accompagnés, ainsi que les couloirs latéraux donnant accès aux places, de garde-corps solides d'au moins un mètre dix centimètres (1^{m}10) de hauteur effective.

Sur les voies ferrées où la traction est opérée au moyen de locomotives, l'étage supérieur est couvert et protégé à l'avant et à l'arrière par des cloisons.

Les dossiers et les banquettes doivent être inclinés et les dossiers sont élevés à la hauteur des épaules des voyageurs.

Il peut y avoir des places de plusieurs classes; la disposition particulière des places de chaque classe est conforme aux prescriptions arrêtées par le préfet.

Les wagons destinés au transport des marchandises, des chevaux ou des bestiaux, les plates-formes et, en général, toutes les parties du matériel roulant sont de bonne et solide construction et satisfont aux prescriptions des articles 8, 9 et 15 de l'ordonnance royale du 15 novembre 1846.

Chaque voiture sans exception est munie de freins. Ces

freins doivent être assez puissants pour que, en joignant leur action à celle des moyens de freinage de la machine, les trains lancés avec une vitesse de vingt kilomètres (20^k) à l'heure, sur des rails secs et propres et sur une voie en palier, puissent être arrêtés sur un espace de vingt mètres (20^m) au plus, à partir du moment où le serrage est ordonné.

Le préfet, après avis du service du contrôle et le concessionnaire entendu, peut prescrire l'emploi de freins continus et même automatiques.

ART. 24.

Le matériel roulant et tout le matériel servant à l'exploitation sont constamment maintenus dans un bon état d'entretien et de propreté.

Si le matériel dont il s'agit n'est pas entretenu en bon état, il y est pourvu d'office, à la diligence du préfet et aux frais du concessionnaire, sans préjudice, s'il y a lieu, des dispositions indiquées ci-après dans l'article 41.

Entretien du matériel roulant.

ART. 25.

Le concessionnaire est tenu de prendre à ses frais, partout où la nécessité en aura été reconnue par le préfet, sur l'avis du service du contrôle, et eu égard au mode d'exploitation employé, les mesures nécessaires pour assurer la liberté et la sécurité du passage des voitures et des trains sur la voie ferrée et celle de la circulation ordinaire sur les routes et chemins que suit ou traverse la voie ferrée.

Règles d'exploitation applicables à tous les services de tramways.

Gardiennage et signaux.

ART. 26.

Lorsqu'un atelier de réparation est établi sur une voie, des signaux doivent indiquer si l'état de la voie ne permet pas le passage des voitures ou des trains, ou s'il suffit d'en ralentir la marche.

Idem.

Ateliers de réparation de la voie.

6.

ART. 27.

(Modifié par le décret du 25 juillet 1899.)

Règles d'exploitation
· applicables
à tous
les services
de tramways.

Éclairage
des voitures
ou des trains.

Toute voiture isolée ou tout train porte extérieurement un feu blanc à l'avant et un feu rouge à l'arrière. Les fanaux sont à réflecteurs; ils sont allumés au coucher du soleil et ne peuvent être éteints avant son lever.

ART. 28.

(Modifié par le décret du 13 février 1900.)

Idem.
—
Transport
de matières
dangereuses.

Il est interdit d'admettre dans les convois qui portent des voyageurs aucune matière pouvant donner lieu soit à des explosions, soit à des incendies, sauf les exceptions autorisées par le Ministre des travaux publics.

Le transport de ces matières est réglé par le préfet, sous l'autorité du Ministre des travaux publics.

ART. 29.

Service
des tramways
à
traction de chevaux.

Le cocher doit avoir l'appareil de manœuvre du frein sous la main; il doit porter son attention sur l'état de la voie, sur l'approche des voitures ordinaires ou des troupeaux et ralentir ou même arrêter la marche en cas d'obstacles, suivant les circonstances; il doit se conformer aux signaux de ralentissement ou d'arrêt qui lui sont faits par les gardiens et ouvriers de la voie.

Le cocher est muni d'une trompe, ou d'un cornet, ou de tout autre instrument du même genre, afin de signaler son approche.

Dans les tramways à service de voyageurs, le cocher doit se trouver en communication, au moyen d'un signal d'arrêt, soit avec le receveur, soit avec les voyageurs dans les voitures où il n'y a pas de receveur.

ART. 30.

Sur les lignes de tramway à traction mécanique, la longueur des trains ne peut dépasser soixante mètres (60^m). Sous la réserve de cette condition, qui est de rigueur, tout convoi ordinaire de voyageurs doit contenir des voitures ou des compartiments de toutes classes en nombre suffisant pour le service du public.

Les machines et voitures entrant dans la composition de tous les trains sont liées entre elles par des attaches rigides, avec ressorts.

Service
des tramways
à
traction mécanique.
—
Composition
des trains.

ART. 31.

Les machines sont placées en tête des trains. Il ne peut être dérogé à cette disposition que pour les manœuvres à exécuter dans les stations ou pour le cas de secours; dans ces cas spéciaux, la vitesse ne doit pas dépasser cinq kilomètres (5^k) à l'heure.

Les trains sont remorqués par une seule machine, sauf à la montée des rampes de forte inclinaison ou en cas d'accident.

Il est, dans tous les cas, interdit d'atteler simultanément plus de deux machines à un train; la machine placée en tête règle la marche du train, dont la vitesse ne doit jamais dépasser dix kilomètres (10^k) à l'heure dans le cas d'un double attelage.

Idem.
—
Composition
des trains.
Machines.

ART. 32.

(Modifié par le décret du 13 février 1900.)

Chaque machine à feu est conduite par un mécanicien et un chauffeur.

Il ne peut être employé que des mécaniciens agréés par le préfet, sur le rapport du service du contrôle.

Le chauffeur doit être capable d'arrêter la machine en cas de besoin.

Idem.
—
Personnel des trains.

Chaque train est accompagné, en outre, du nombre de conducteurs gardes-freins qui sera jugé nécessaire; il y a d'ailleurs, en tout cas, sur la dernière voiture, un conducteur qui est mis en communication avec le mécanicien.

Lorsqu'il y a plusieurs conducteurs dans un train, l'un d'eux doit avoir autorité sur les autres.

Pour les voitures isolées, ou pour les trains dont tous les véhicules sont munis de freins continus, le Ministre des travaux publics peut autoriser la suppression du chauffeur, sous la réserve que le conducteur chef du train puisse toujours accéder à la machine et soit en état de l'arrêter en cas de besoin.

Avant le départ du train, le mécanicien s'assure si toutes les parties de la locomotive sont en bon état et, particulièrement, si les moyens de freinage dont il dispose fonctionnent convenablement. Il ne doit mettre le train en marche que lorsque le conducteur chef du train a donné le signal du départ.

En marche, le mécanicien doit porter son attention sur l'état de la voie, sur l'approche des voitures ordinaires ou des troupeaux, et ralentir ou même arrêter en cas d'obstacles, suivant les circonstances; il doit se conformer aux signaux qui lui sont faits par les gardiens et ouvriers de la voie.

Cet agent signale l'approche du train au moyen d'une trompe, d'une cloche, ou de tout autre instrument du même genre, à l'exclusion du sifflet à vapeur.

Dans les tramways à service de voyageurs, le mécanicien doit se trouver en communication, au moyen d'un signal d'arrêt, soit avec le receveur ou employé, soit avec les voyageurs.

Aucune personne autre que le mécanicien et le chauffeur ne peut monter sur la locomotive, à moins d'une permission spéciale et écrite du directeur de l'exploitation de la voie ferrée. Sont exceptés de cette interdiction les fonctionnaires chargés de la surveillance.

ART. 33.

(Modifié par le décret du 13 février 1900.)

Le préfet détermine, sur la proposition du concessionnaire et l'avis du service du contrôle, le maximum de la
vitesse des convois de voyageurs et de marchandises sur les
différentes sections de la ligne, ainsi que le tableau du service des trains.

La vitesse des trains en marche ne peut dépasser vingt kilomètres (20^k) à l'heure, s'il est fait usage de freins ordinaires, et vingt-cinq kilomètres (25^k), s'il est fait usage de
freins continus. Ces vitesses doivent d'ailleurs être diminuées
dans la traversée des lieux habités ou en cas d'encombre-
ment de la route.

Le mouvement doit également être ralenti ou même
arrêté toutes les fois que l'arrivée d'un train effrayant les
chevaux ou autres animaux pourrait être la cause de dés-
ordres et occasionner des accidents.

Les trains ne peuvent stationner en dehors des gares que
durant le temps strictement nécessaire pour les besoins du
service.

Le préfet peut autoriser, sur la demande du concessionnaire et sur la proposition du service du contrôle, l'arrêt de
certains trains pendant le temps déterminé par l'horaire
pour prendre ou laisser des voyageurs ou des marchandises
sur des points de la voie ferrée situés en dehors des gares,
stations ou haltes. Cette autorisation ne peut être donnée
qu'à titre précaire et révocable, si ce service n'est pas prévu
par le cahier des charges.

Les locomotives ou les voitures isolées ne peuvent stationner sur les voies affectées à la circulation.

Il est expressément interdit d'effectuer le nettoyage des
grilles sur la voie publique.

Service
des tramways
à
traction mécanique.
Composition
des trains.

Marche des trains.

art. 34.

(Modifié par le décret du 13 février 1900.)

Service
des tramways
à
traction mécanique.
Composition
des trains.
—
Accidents.

Des machines de réserve et des wagons de secours munis de tous les agrès et outils nécessaires en cas d'accident doivent être entretenus, constamment prêts à partir, aux points désignés par le préfet, si celui-ci le prescrit, après avis du service du contrôle.

Chaque train doit d'ailleurs être muni des outils les plus indispensables.

Aux stations ou bureaux de contrôle et d'attente désignés par le préfet, le concessionnaire entretiendra les médicaments et moyens de secours nécessaires en cas d'accident.

TITRE III.

POLICE ET SURVEILLANCE.

—

art. 35.

Des mesures
concernant
les
personnes étrangères
au service
des voies ferrées.

Il est défendu à toute personne étrangère au service de la voie ferrée :

1° De déranger, altérer ou modifier, sous quelque prétexte que ce soit, la voie ferrée et les ouvrages qui en dépendent;

2° De stationner sur la voie de fer ou d'y faire stationner des voitures;

3° D'y laisser séjourner des chevaux, bestiaux ou animaux d'aucune sorte;

4° D'y jeter ou déposer aucuns matériaux ni objets quelconques;

5° D'emprunter les rails de la voie ferrée pour la circulation de voitures étrangères au service.

Tout conducteur de voiture doit, à l'approche d'un train ou d'une voiture appartenant au service de la voie ferrée, prendre en main les guides ou le cordeau de son équipage, de façon à se rendre maître de ses chevaux, dégager immédiatement la voie et s'en écarter de manière à livrer toute la largeur nécessaire au passage du matériel de la voie ferrée.

Tout conducteur de troupeau doit écarter les bestiaux de la voie ferrée à l'approche d'un train ou d'une voiture appartenant au service de cette voie.

ART. 36.

Il est défendu aux voyageurs :

1° D'entrer dans les voitures ou d'en sortir pendant la marche et autrement que par la portière réservée à cet effet;

2° De passer d'une voiture dans une autre, de se pencher au dehors, de stationner debout sur les impériales pendant la marche.

Il est interdit d'admettre dans les voitures plus de voyageurs que ne le comporte le nombre de places indiqué dans chaque compartiment.

L'entrée des voitures est interdite :

1° A toute personne en état d'ivresse;

2° A tous individus porteurs d'armes à feu chargées ou de paquets qui, par leur nature, leur volume ou leur odeur, pourraient gêner ou incommoder les voyageurs. Tout individu porteur d'une arme à feu doit, avant son admission dans les voitures, faire constater que son arme n'est point chargée.

Aucun chien n'est admis dans les voitures servant au transport des voyageurs; toutefois, la Compagnie peut placer dans des compartiments spéciaux les voyageurs qui ne voudraient pas se séparer de leurs chiens, pourvu que ces animaux soient muselés, en quelque saison que ce soit.

Des mesures concernant les voyageurs.

7

Art. 37.

(Modifié par le décret du 13 février 1900.)

Expédition de matières dangereuses.

Les personnes qui veulent expédier des marchandises classées comme dangereuses ou infectes par les règlements en vigueur doivent en faire la déclaration formelle au moment où elles les livrent au service de la voie ferrée et se conformer à toutes les prescriptions desdits règlements en ce qui concerne le conditionnement, l'emballage et la marque des colis.

Art. 38.

Affichage du service des voies ferrées.

Des affiches placées dans les stations et dans les bureaux d'attente et de contrôle font connaître au public les heures de départ des convois ordinaires, les stations qu'ils doivent desservir, les heures auxquelles ils doivent arriver à ces stations et en partir.

Si l'exploitation de la ligne comporte des arrêts en pleine voie, afin de prendre ou de laisser soit des voyageurs, soit des marchandises, ces affiches font connaître cette circonstance en n'annonçant dans ce cas que les heures de départ des gares extrêmes.

Art. 39.

(Modifié par le décret du 13 février 1900.)

Contrôle et surveillance de l'exploitation.

Le préfet nomme, sous l'autorité du Ministre des travaux publics, les agents chargés du contrôle et de la surveillance, prévus par l'article 21 de la loi du 11 juin 1890. Ces agents sont pris dans le service des ponts et chaussées c des mines (1).

(1) *Le décret du 13 février 1900 contient en son article 2 une disposition ainsi conçue :*

« Art. 2. — Pour les voies ferrées dont le contrôle et la surveillance sont déjà organisés, le Ministre des travaux publics peut ajourner, sur la demande du conseil général du département intéressé, application des dispositions du 1er paragraphe de l'article 39 du décret du 6 août 1881, modifié par l'article 1* du présent décret »

Ils ont notamment pour mission :

1° En ce qui concerne l'exploitation commerciale :

De surveiller le mode d'application des tarifs approuvés et l'exécution des mesures prescrites pour la réception et l'enregistrement des colis, leur transport et leur remise aux destinataires ;

De veiller à l'exécution des mesures prescrites pour que le service des transports ne soit pas interrompu aux points extrêmes de lignes en communication l'une avec l'autre ;

De vérifier les conditions des traités qui seraient passés par les compagnies avec les entreprises de transport par terre ou par eau, en correspondance avec la voie ferrée, et de signaler toutes les infractions au principe de l'égalité des taxes ;

De constater le mouvement de la circulation des voyageurs et des marchandises, les dépenses d'entretien et d'exploitation et les recettes ;

2° En ce qui concerne l'exploitation technique :

De vérifier l'état de la voie de fer, des terrassements, des ouvrages d'art et du matériel roulant et de veiller à l'exécution des règlements relatifs à la police et à la sûreté de la circulation ;

3° En ce qui concerne la police :

De surveiller la composition, le départ, l'arrivée, la marche et le stationnement des trains, l'observation des règlements de police, tant par le public que par le concessionnaire, sur les voies publiques empruntées par la voie ferrée, l'entrée, le stationnement et la circulation des voitures dans les cours et stations, l'admission du public dans les gares et sur les quais de la voie ferrée.

Les concessionnaires sont tenus de fournir des locaux convenables aux agents du contrôle spécialement désignés par le préfet. Ils sont aussi tenus de présenter aux agents du contrôle, à toute réquisition, les registres de dépenses et de recettes relatifs à l'exploitation commerciale, ainsi que les registres de réception et d'expédition des colis.

Toutes les fois qu'il arrive un accident sur la voie ferrée, il en est fait immédiatement déclaration, par le chef de train, à l'agent du contrôle dont le poste est le plus voisin. Le préfet et le chef du contrôle en sont immédiatement informés par les soins du concessionnaire.

Outre la surveillance ordinaire, le préfet délègue, aussi souvent qu'il le juge utile, un ou plusieurs commissaires à l'effet de reconnaître et de constater l'état de la voie ferrée, de ses dépendances et de son matériel, et à l'effet d'exercer une surveillance spéciale sur tout ce qui ne rentre pas dans les attributions des agents du contrôle.

ART. 40.

Règlements de police et d'exploitation.

Le concessionnaire est tenu, ainsi que le public, de se conformer aux prescriptions des arrêtés qui sont pris par les préfets pour l'exécution des dispositions qui précèdent.

Toutes les dépenses qu'entraîne l'exécution de ces prescriptions sont à la charge du concessionnaire.

Le concessionnaire est tenu de soumettre à l'approbation du préfet les règlements de service intérieur relatifs à l'exploitation de la voie ferrée.

Les règlements dont il s'agit sont obligatoires, non seulement pour le concessionnaire, mais encore pour tous ceux qui obtiendront ultérieurement l'autorisation d'établir des lignes ferrées d'embranchement ou de prolongement et, en général, pour toutes les personnes qui emprunteront l'usage du chemin de fer.

ART. 41.

Interruption de l'exploitation.

Si l'exploitation de la voie ferrée vient à être interrompue en totalité ou en partie, si le mauvais état de la voie ou du matériel roulant compromet la sécurité du public, si le mauvais entretien de la partie de la route dont le concessionnaire doit prendre soin compromet la sécurité publique, le préfet prend immédiatement, aux frais et risques du concessionnaire, les mesures nécessaires afin d'assurer provisoirement le service.

Si, dans les trois mois de l'organisation du service provisoire, le concessionnaire n'a pas valablement justifié qu'il est en état de reprendre et de continuer l'exploitation et s'il ne l'a pas effectivement reprise, la déchéance peut être prononcée par le Ministre des travaux publics, sauf recours au Conseil d'État par la voie contentieuse.

Il est pourvu tant à la continuation et à l'achèvement des travaux qu'à l'exécution des autres engagements contractés par le concessionnaire au moyen d'une adjudication qui sera ouverte sur une mise à prix des ouvrages exécutés, des matériaux approvisionnés et des parties de la voie ferrée déjà livrées à l'exploitation.

Nul ne sera admis à concourir à cette adjudication s'il n'a été préalablement agréé par le préfet.

A cet effet, les personnes qui voudraient concourir seront tenues de déclarer, dans le délai qui sera fixé, leur intention par un écrit déposé à la préfecture et accompagné des pièces propres à justifier des ressources nécessaires pour remplir les engagements à contracter.

Ces pièces seront examinées par le préfet en conseil de préfecture. Chaque soumissionnaire sera informé de la décision prise en ce qui le concerne et, s'il y a lieu, du jour de l'adjudication.

- Les personnes qui auront été admises à concourir devront faire, soit à la Caisse des dépôts et consignations, soit à la caisse du trésorier-payeur général du département, le dépôt de garantie, qui devra être égal au moins au trentième de la dépense à faire par le concessionnaire.

L'adjudication aura lieu suivant les formes indiquées aux articles 11, 12, 13, 15 et 16 de l'ordonnance royale du 10 mai 1829.

Les soumissions ne pourront pas être inférieures à la mise à prix.

L'adjudicataire sera substitué aux charges et aux droits du concessionnaire évincé; il recevra notamment les subventions de toute nature à échoir aux termes de l'acte de concession; le concessionnaire évincé recevra de lui le prix que la nouvelle adjudication aura fixé.

La partie du cautionnement qui n'aura pas encore été restituée deviendra la propriété de l'autorité qui a fait la concession.

Si l'adjudication ouverte n'amène aucun résultat, une seconde adjudication sera tentée sur les mêmes bases après un délai de trois mois; si cette seconde tentative reste également sans résultat, le concessionnaire sera définitivement déchu de tous droits et alors les ouvrages exécutés, les matériaux approvisionnés et les parties de voie ferrée déjà livrées à l'exploitation appartiendront à l'autorité qui a fait la concession.

TITRE IV.

D'SPOSITIONS DIVERSES.

ART. 42.

(Modifié par le décret du 13 février 1900.)

Constructions de nouvelles voies de communication.

Dans le cas où le Gouvernement ordonne ou autorise la construction de routes nationales, départementales ou vicinales, de chemins de fer ou de canaux qui traversent une ligne concédée, ou l'installation de communications télégraphiques ou téléphoniques qui obligent à modifier les transmissions d'énergie établies en vue de la traction électrique, le concessionnaire ne peut s'opposer à ces travaux; mais toutes les dispositions nécessaires sont prises pour qu'il n'en résulte aucun obstacle à la construction ou au service de la voie ferrée, ni aucun frais pour le concessionnaire.

art. 43.

Toute exécution ou autorisation ultérieure de route, de canal, de chemin de fer, de travaux de navigation dans la contrée où est située une voie ferrée qui a fait l'objet d'une concession, ou dans toute autre contrée voisine ou éloignée, ne peut donner ouverture à aucune demande d'indemnité de la part du concessionnaire.

Concessions ultérieures de nouvelles lignes

art. 44.

L'autorisation d'établir ou de maintenir une voie ferrée sur le sol des voies publiques peut être retirée à toute époque, en totalité ou en partie, dans les formes suivies pour la concession, lorsque la nécessité en a été reconnue dans l'intérêt public par le Gouvernement, après une enquête; le tout sous réserve de l'application des articles 6 et 11 de la loi du 11 juin 1880.

Retrait d'autorisation.

art. 45.

Le concessionnaire n'est admis à réclamer aucune indemnité :

Ni à raison des dommages que le roulage ordinaire pourrait occasionner aux ouvrages de la voie ferrée;

Ni à raison de l'état de la chaussée et des conséquences qui pourraient en résulter pour l'état et l'entretien de la voie;

Ni enfin pour une cause quelconque résultant de l'usage de la voie publique.

Les indemnités dues à des tiers pour des dommages pouvant résulter de la construction ou de l'exploitation de la voie ferrée sont entièrement à la charge du concessionnaire.

Réserves sous lesquelles le concessionnaire est admis à emprunter le sol des voies publiques.

art. 46.

En cas d'interruption de la voie ferrée par suite de travaux exécutés sur la voie publique, le concessionnaire peut être tenu de rétablir provisoirement les communications,

Idem.

soit en déplaçant momentanément ses voies, soit en employant pour la traversée de l'obstacle des voitures ordinaires qui puissent le tourner en suivant d'autres lignes.

<h2 style="text-align:center">ART. 47.</h2>

Concessions
de voies de fer
d'embranchement
et de prolongement.

Le Gouvernement, le département et les communes ont le droit de concéder de nouvelles voies de fer s'embranchant sur une voie ferrée déjà concédée, ou à établir en prolongement de la même voie.

Le concessionnaire de la ligne principale ne peut s'opposer à l'exécution de ces embranchements, ni réclamer, à l'occasion de leur établissement, une indemnité quelconque, pourvu qu'il n'en résulte aucun obstacle à la circulation ni aucun frais particulier pour son entreprise.

Les concessionnaires des voies de fer d'embranchement ou de prolongement ont la faculté, moyennant l'observation du paragraphe 1er de l'article 20 du présent règlement et des règlements de police et de service qui régissent la ligne principale, et moyennant les tarifs du cahier des charges de cette dernière ligne, de faire circuler leurs voitures, wagons et machines sur la ligne principale. Cette faculté est réciproque à l'égard desdits embranchements et prolongements.

Dans le cas où les divers concessionnaires ne peuvent s'entendre sur l'exercice de cette faculté, le Ministre des travaux publics statue sur les difficultés qui s'élèvent entre eux à cet égard.

Le concessionnaire d'une voie ferrée ne peut toutefois être tenu d'admettre sur ses rails un matériel dont le poids serait hors de proportion avec les éléments constitutifs de ses voies.

Dans le cas où un concessionnaire d'embranchement ou de prolongement joignant la ligne principale n'use pas de la faculté de circuler sur cette ligne, comme aussi dans le cas où le concessionnaire de cette dernière ligne ne veut pas circuler sur les prolongements et embranchements, ces concessionnaires sont tenus de s'arranger entre eux de manière que le service de transport ne soit jamais interrompu aux points de jonction des diverses lignes.

Celui des concessionnaires qui se sert d'un matériel qui n'est pas sa propriété paye une indemnité en rapport avec l'usage et la détérioration de ce matériel. Dans le cas où les concessionnaires ne se mettent pas d'accord sur la quotité de l'indemnité ou sur les moyens d'assurer la continuation du service sur toute la ligne, l'Administration y pourvoit d'office et prescrit toutes les mesures nécessaires.

Le concessionnaire est tenu, si l'autorité supérieure le juge convenable, de partager l'usage des stations établies à l'origine des voies de fer d'embranchement avec les compagnies qui deviendraient concessionnaires desdits embranchements. Gares communes.

Il est fait un partage équitable des frais résultant de l'usage commun desdites gares et les sommes à payer par les compagnies nouvelles sont, en cas de dissentiment, réglées par voie d'arbitrage.

En cas de désaccord sur le principe ou l'exercice de l'usage commun des gares, il est statué par le Ministre des travaux publics, les concessionnaires entendus.

ART. 48.

(Modifié par le décret du 3 août 1898.)

Le concessionnaire de toute voie ferrée affectée au transport des marchandises est tenu de s'entendre avec tout propriétaire de carrières, de mines ou d'usines, avec tout propriétaire ou concessionnaire de magasins généraux et avec tout concessionnaire de l'outillage des ports maritimes ou de navigation intérieure, qui, offrant de se soumettre aux conditions prescrites ci-après, demande un embranchement; à défaut d'accord, le préfet statue sur la demande, le concessionnaire entendu. Embranchements industriels.

Les embranchements sont construits aux frais des pio
priétaires de carrières, de mines et d'usines, des propriétaires ou concessionnaires de magasins généraux ou des concessionnaires de l'outillage des ports maritimes ou de
navigation intérieure, et de manière qu'il ne résulte de leur
établissement aucune entrave à la circulation générale, aucune cause d'avarie pour le matériel, ni aucun frais particulier pour le service de la ligne principale.

Leur entretien est fait avec soin, aux frais de leurs propriétaires et sous le contrôle du préfet. Le concessionnaire
a le droit de faire surveiller par ses agents cet entretien,
ainsi que l'emploi de son matériel sur les embranchements.

Le préfet peut, à toute époque, prescrire les modifications qui sont jugées utiles dans la soudure, le tracé ou l'é-
tablissement de la voie desdits embranchements, et les
changements sont opérés aux frais des propriétaires.

Le préfet peut même, après avoir entendu les propriétaires, ordonner l'enlèvement temporaire des aiguilles de
soudure, dans le cas où les établissements embranchés viendraient à suspendre en tout ou en partie leurs transports.

Le concessionnaire est tenu d'envoyer ses wagons sur
tous les embranchements autorisés, destinés à faire communiquer des établissements de carrières, de mines ou
d'usines, de magasins généraux ou d'outillage des ports maritimes ou de navigation intérieure avec la ligne principale.

Le concessionnaire amène ses wagons à l'entrée des embranchements.

Les expéditeurs ou destinataires font conduire les wagons dans leurs établissements, pour les charger ou décharger, et les ramènent au point de jonction avec la ligne
principale, le tout à leurs frais.

Les wagons ne peuvent d'ailleurs être employés qu'au
transport d'objets et marchandises destinés à la ligne principale.

Le temps pendant lequel les wagons séjournent sur les embranchements particuliers ne peut excéder six heures, lorsque l'embranchement n'a pas plus d'un kilomètre. Ce temps est augmenté d'une demi-heure par kilomètre en sus du premier, non compris les heures de la nuit, depuis le coucher jusqu'au lever du soleil.

Dans le cas où les limites de temps sont dépassées non-obstant l'avertissement spécial donné par le concessionnaire, il peut exiger une indemnité égale à la valeur du droit de loyer des wagons, pour chaque période de retard après l'avertissement.

S'il est jugé nécessaire par le préfet, statuant sur l'avis du service du contrôle, d'établir un gardien aux aiguilles d'un embranchement industriel, le traitement de cet agent est à la charge du propriétaire de l'embranchement; mais il est nommé et payé par le concessionnaire.

En cas de difficulté, il est statué par l'Administration, le concessionnaire entendu.

Les propriétaires d'embranchements sont responsables des avaries que le matériel peut éprouver pendant son parcours ou son séjour sur ces lignes.

Dans le cas d'inexécution d'une ou de plusieurs des conditions énoncées ci-dessus, le préfet peut, sur la plainte du concessionnaire et après avoir entendu le propriétaire de l'embranchement, ordonner par un arrêté la suspension du service et faire supprimer la soudure, sauf recours à l'Administration supérieure et sans préjudice de tous dommages intérêts que le concessionnaire serait en droit de répéter pour la non-exécution de ces conditions.

Le concessionnaire est indemnisé de la fourniture et de l'envoi de son matériel sur les embranchements par la perception du tarif qui est fixé par son cahier des charges pour chaque kilomètre parcouru.

Tout kilomètre entamé est payé comme s'il avait été parcouru en entier.

8.

Le chargement et le déchargement sur les embranchements s'opèrent aux frais des expéditeurs ou destinataires,
soit qu'ils les fassent eux-mêmes, soit que la compagnie du
tramway consente à les opérer.

Dans ce dernier cas, ces frais sont l'objet d'un règlement
arrêté par le préfet, sur la proposition du concessionnaire.

Tout wagon envoyé par le concessionnaire sur un embranchement doit être payé comme wagon complet, lors
même qu'il ne serait pas complètement chargé.

La surcharge, s'il y en a, est payée au prix du tarif légal
et au prorata du poids réel. Le concessionnaire est en droit
de refuser les chargements qui dépasseraient le maximum
déterminé par son cahier des charges.

Ce maximum sera revisé par le préfet de manière à être
toujours en rapport avec la capacité des wagons.

Les wagons sont pesés à la station d'arrivée par les soins
et aux frais du concessionnaire.

ART. 49.

Contribution foncière.

La contribution foncière pour les dépendances situées en
dehors de l'assiette des routes, chemins et autres voies
publiques est établie en raison de la surface occupée par ces
dépendances; la cote en est calculée, comme pour les canaux, conformément à la loi du 25 avril 1803.

Les bâtiments et magasins dépendant de l'exploitation de
la voie ferrée sont assimilés aux propriétés bâties de la localité. Toutes les contributions auxquelles ces édifices peuvent
être soumis sont, aussi bien que la contribution foncière, à
la charge du concessionnaire.

ART. 50.

Agents du concessionnaire.

Les agents et gardes que le concessionnaire établit, soit
pour la perception des droits, soit pour la surveillance et
la police de la voie de fer et de ses dépendances, peuvent
être assermentés et sont, dans ce cas, assimilés aux gardes

champêtres. Ces agents sont revêtus d'un uniforme ou sont porteurs d'un signe distinctif.

ART. 51.

Tout concessionnaire doit adresser chaque année au préfet des états statistiques conformes aux modèles qui seront arrêtés par le Ministre des travaux publics et qui comprennent les renseignements relatifs à l'année entière (du 1er janvier au 31 décembre).

Comptes rendus statistiques annuels et trimestriels.

Cet envoi est fait le 15 avril de chaque année au plus tard. Les renseignements fournis par le concessionnaire peuvent être publiés.

Indépendamment de ces états annuels, le compte rendu des résultats de l'exploitation, comprenant les dépenses d'établissement et d'exploitation et les recettes brutes, est remis au préfet dans le mois qui suit l'expiration de chaque trimestre. Ce compte rendu est dressé en trois expéditions, destinées au préfet, au représentant de l'autorité qui a donné la concession et au Ministre des travaux publics; il est publié, au moins par extraits, dans le Journal officiel conformément aux prescriptions de l'article 19 de la loi du 11 juin 1880.

ART. 52.

Les frais de visite, de surveillance et de réception des travaux et les frais de contrôle de l'exploitation sont supportés par le concessionnaire.

Frais de contrôle.

Afin de pourvoir à ces frais, le concessionnaire est tenu de verser chaque année, à la caisse centrale du trésorier-payeur général du département, la somme qui est fixée dans le cahier des charges de la concession par chaque kilomètre de voie ferrée concédé.

Si le concessionnaire ne verse pas la somme ci-dessus réglée aux époques fixées, le préfet rend un rôle exécutoire et le montant en est recouvré comme en matière de contributions publiques.

ART. 53.

Il est tenu dans chaque station et dans chaque bureau d'attente un registre coté et parafé par le maire de la commune, lequel est destiné à recevoir les réclamations des personnes (voyageurs ou autres) qui auraient des plaintes à former, soit contre le concessionnaire, soit contre ses agents.

Ce registre est présenté à toute réquisition du public; il est visé par les agents du service du contrôle et de surveillance administrative.

ART. 54.

Dans tous les cas où, conformément aux dispositions du présent règlement, le préfet doit statuer sur la proposition d'un concessionnaire, celui-ci est tenu de lui soumettre cette proposition dans le délai qui a été déterminé, faute de quoi le préfet peut statuer directement.

Si le préfet pense qu'il y a lieu de modifier la proposition du concessionnaire, il doit, sauf le cas d'urgence, entendre celui-ci avant de prescrire les modifications dont il s'agit.

ART. 55.

Des exemplaires du présent règlement, ainsi que des articles de l'ordonnance royale du 15 novembre 1846, du décret du 30 avril 1880 et du décret du 12 août 1874. auxquels il se réfère, sont constamment affichés, à la diligence du concessionnaire, aux abords des bureaux des voies ferrées qui empruntent le sol des voies publiques ainsi que dans les salles d'attente.

Le conducteur ou receveur de toute voiture, le conducteur principal de tout train en marche sont munis d'un exemplaire du règlement. Des extraits sont délivrés, chacun pour ce qui le concerne, aux cochers, receveurs, mécaniciens, chauffeurs, gardes-freins et autres agents employés sur la voie ferrée.

Des extraits, en ce qui concerne les règles à observer par les voyageurs pendant le trajet, sont placés dans chaque caisse de voiture.

ART. 56.

Sont constatées, poursuivies et réprimées conformément aux dispositions de la loi du 15 juillet 1845, qui ont été rendues applicables aux tramways par l'article 37 de la loi du 11 juin 1880, les contraventions au présent règlement, aux décisions ministérielles et aux arrêtés pris par les préfets pour l'exécution de ce règlement.

Constatation
et poursuite
de contraventions.

ART. 57.

Les dispositions du présent règlement sont applicables aux chemins de fer d'intérêt local sur les sections où ces chemins de fer empruntent le sol des voies publiques, sans préjudice de l'application de l'ordonnance du 15 novembre 1846.

ART. 58.

Le Ministre des travaux publics est chargé de l'exécution du présent décret, qui sera inséré au Bulletin des Lois et au Journal officiel.

Exécution
du
présent règlement.

CAHIER DES CHARGES TYPE [1]

POUR LA CONCESSION

DES CHEMINS DE FER D'INTÉRÊT LOCAL [2].

TITRE PREMIER.

TRACÉ ET CONSTRUCTION.

ARTICLE PREMIER.

Le chemin de fer d'intérêt local qui fait l'objet du présent   Tracé.

---

(1) *Ce cahier des charges a été approuvé par le décret du 6 août 1881, ainsi conçu :*

LE PRÉSIDENT DE LA RÉPUBLIQUE FRANÇAISE,

Sur le rapport du Ministre des travaux publics,

Vu l'article 2 de la loi du 11 juin 1880, aux termes duquel le conseil général arrête la direction des chemins de fer d'intérêt local, le mode et les conditions de leur construction, ainsi que les traités et les dispositions nécessaires pour en assurer l'exploitation, en se conformant aux clauses et conditions du cahier des charges type

(2) *Voir le texte de la note (2) à la page 66.*

9

cahier des charges partira de

passera à ou près

ART. 2.

**Délais
d'exécution.**

Les travaux devront être commencés dans un délai
de   , à partir de la loi déclarative d'utilité publique.
Ils seront poursuivis de telle façon que *la section de*
à   soit livrée à l'exploitation le   .

la section de   à

le   et la ligne entière le   .

---

approuvé par le Conseil d'État, sauf les modifications qui seront
apportées par la convention et la loi d'approbation ;

Vu l'instruction à laquelle a donné lieu la préparation du cahier
des charges type prévu par la loi susvisée ;

Le Conseil d'État entendu,

Décrète :

ARTICLE PREMIER.

Est approuvé le cahier des charges type ci-annexé, dressé, en exécution de l'article 2 de la loi du 11 juin 1880, pour la concession des
chemins de fer d'intérêt local.

ART. 2.

Le Ministre des travaux publics est chargé de l'exécution du présent décret.

*Le cahier des charges type a été ensuite modifié par le décret du 31 juil-
let 1898, en ce qui concerne l'article 61, et par le décret du 13 février 1900,
en ce qui concerne la note relative au titre et les articles 7, 8, 11, 12, 13,
20, 31, 33, 35, 57, 60 et 61.*

Le texte ci-après tient compte de ces modifications.

(2) [*Note modifiée par le décret du 13 février 1900.*]

La présente formule-type est rédigée dans l'hypothèse d'une concession conférée par un *département*. Ce mot sera modifié partout où
il est imprimé en *italique* dans le cas où la concession émanerait
d'une *commune* (art. 1er et 2 de la loi du 11 juin 1880). On a aussi
imprimé en *italique* les autres mots et chiffres qui peuvent être modifiés suivant les circonstances.

Les dispositions ci-après s'appliquent spécialement aux voies ferrées
n'empruntant pas le sol des voies publiques ; quand le chemin de fer
projeté comportera des parties empruntant les voies publiques, il y a
lieu d'y ajouter les articles du cahier des charges type des tramways
qui seraient utiles dans l'espèce. Les articles 6, 7 et 8 du cahier des
charges type des tramways prendraient alors les nos 8 bis, 8 ter et
8 quater, et les articles 12 et 13 les nos 29 bis et 29 ter.

ART. 3.

Aucun travail ne pourra être entrepris pour l'établissement du chemin de fer et de ses dépendances sans que les
projets en aient été approuvés, conformément à l'article 3
de la loi du 11 juin 1880, pour les projets d'ensemble, par
le *conseil général* et pour les projets de détail des ouvrages,
par le préfet, sous réserve de l'approbation spéciale du
Ministre des travaux publics, dans le cas où les travaux
affecteraient des cours d'eau ou des chemins dépendant de
la grande voirie.

Approbation
des projets.

A cet effet, les projets d'ensemble, comprenant le tracé,
les terrassements et l'emplacement des stations, seront
remis au préfet, dans les *six* mois au plus tard de la date
de la loi déclarative d'utilité publique.

Le préfet, après avoir pris l'avis de l'ingénieur en chef du
département, soumettra ces projets au *conseil général*, qui
statuera définitivement, sauf le droit réservé au Ministre
des travaux publics, par le paragraphe 2 de l'article 3 de la
loi, d'appeler le *conseil général* à statuer à nouveau sur lesdits projets.

L'une des expéditions des projets ainsi approuvés sera
remise au concessionnaire avec la mention de la décision
approbative du *conseil général;* l'autre restera entre les mains
du préfet.

Avant comme pendant l'exécution, le concessionnaire
aura la faculté de proposer aux projets approuvés les modifications qu'il jugerait utiles; mais ces modifications ne
pourront être exécutées que moyennant l'approbation de
l'autorité compétente.

ART. 4.

Le concessionnaire pourra prendre copie, sans déplace-
ment, de tous les plans, nivellements et devis qui auraient
été antérieurement dressés aux frais du *département*.

Projets antérieurs.

ART. 5.

Pièces à fournir. Les projets d'ensemble qui doivent être produits par le concessionnaire comprennent, pour la ligne entière ou pour chaque section de la ligne :

1° Un extrait de la carte au $\frac{1}{80,000}$;

2° Un plan général à l'échelle de $\frac{1}{10,000}$;

3° Un profil en long à l'échelle de $\frac{1}{5,000}$ pour les longueurs et de $\frac{1}{1,000}$ pour les hauteurs, dont les cotes seront rapportées au niveau moyen de la mer, pris pour plan de comparaison. Au-dessous de ce profil, on indiquera, au moyen de trois lignes horizontales disposées à cet effet, savoir :

— Les distances kilométriques du chemin de fer, comptées à partir de son origine ;

— La longueur et l'inclinaison de chaque pente ou rampe ;

— La longueur des parties droites et le développement des parties courbes du tracé, en faisant connaître le rayon correspondant à chacune de ces dernières ;

4° Un certain nombre de profils en travers, à l'échelle de $0^m,005$ pour mètre, et le profil type de la voie, à l'échelle de $0^m,02$ pour mètre ;

5° Un mémoire dans lequel seront justifiées toutes les dispositions essentielles du projet et un devis descriptif dans lequel seront reproduites, sous forme de tableaux, les indications relatives aux déclivités et aux courbes déjà données sur le profil en long.

La position des gares et stations projetées, celle des cours d'eau et des voies de communication traversés par le chemin de fer, des passages soit à niveau, soit en dessus, soit en dessous de la voie ferrée, devront être indiquées tant sur le plan que sur le profil en long ; le tout sans préjudice des projets à fournir pour chacun de ces ouvrages.

ART. 6 (1).

Les terrains seront acquis, les ouvrages d'art et les terrassements seront exécutés et les rails seront posés pour une voie seulement, sauf l'établissement d'un certain nombre de gares d'évitement.

Le concessionnaire sera tenu d'exécuter à ses frais une seconde voie, lorsque la recette brute kilométrique aura atteint le chiffre de (2)   francs pendant une année.

En dehors du cas prévu par le paragraphe précédent, il pourra, à toute époque de la concession, être requis par le préfet, au nom du *département*, et par le Ministre des travaux publics, au nom de l'État, d'exécuter et d'exploiter une seconde voie sur tout ou partie de la ligne, moyennant le remboursement des frais d'établissement de ladite voie.

Si les travaux de la double voie requise ne sont pas commencés et poursuivis dans les délais et conditions prescrits par la décision qui les a ordonnés, l'Administration pourra mettre le chemin de fer tout entier sous séquestre et exécuter elle-même les travaux.

Les terrains acquis pour l'établissement du chemin de fer ne pourront pas recevoir une autre destination.

Acquisition des terrains, Ouvrages d'art. Établissement de la deuxième voie.

---

(1) Dans le cas où les dispositions de cet article ne paraîtront pas suffisantes, on pourra les remplacer par celles-ci :

Les terrains seront acquis, les ouvrages d'art et les terrassements seront exécutés et les rails seront posés pour deux voies.

Néanmoins le concessionnaire pourra être autorisé, à titre provisoire, à exécuter les terrassements et à ne poser les rails que pour une seule voie.

Les terrains acquis pour l'établissement du chemin de fer ne pourront pas recevoir une autre destination.

(2) A déterminer dans chaque cas particulier. On admet généralement le chiffre de 35,000 francs.

ART. 7.

(Modifié par le décret du 13 février 1900.)

Largeur de la voie. Gabarit du matériel roulant.

La largeur de la voie entre les bords intérieurs des rails devra être de (1)

La largeur des caisses des véhicules ainsi que de leur chargement ne dépassera pas (2) ; et celle du matériel roulant, y compris toutes saillies, notamment celle des marchepieds latéraux, ne dépassera pas (2) la hauteur du matériel roulant au-dessus des rails sera au plus de (3) , pour les locomotives, et de (3) , pour les autres véhicules et leurs chargements.

---

(1) 1m,44, 1 mètre (1m,055 pour certaines parties de l'Algérie), 80 centimètres, 75 centimètres ou 60 centimètres.

(2) Largeurs à déterminer dans chaque cas particulier.

Pour la voie de 1m,44, on se basera sur les dimensions admises pour le matériel des lignes d'intérêt général dans la même région, sans dépasser le maximum de 3m,20.

Pour les autres largeurs de voie, on se renfermera dans les maxima indiqués ci-après :

DÉSIGNATION.	VOIE			
	DE 1m 055 et 1m 00.	DE 0m 80.	DE 0m 75.	DE 0m 60.
Largeur des caisses des véhicules et de leur chargement............	2m 50	2m 10	2m 00	1m 80
Largeur du matériel roulant, toutes saillies comprises............	2m 80	2m 40	2m 30	2m 10

C'est cette dernière dimension, égale à la plus grande largeur du gabarit du matériel roulant, qui servira à déterminer la largeur de la plate-forme et des ouvrages d'art.

(3) 4m,20 pour la voie de 1m,44.

Pour les fautres largeurs de voie, on ne devra pas dépasser les chiffres ci-après :

DÉSIGNATION.	VOIE			
	DE 1m 055 et 1m 00.	DE 0m 80.	DE 0m 75.	DE 0m 60.
Hauteur des locomotives................	3m 50	3m 30	3m 20	3m 00
Hauteur des autres véhicules et de leur chargement................	3m 30	2m 90	2m 70	2m 40

Ces maxima serviront à fixer la hauteur des ouvrages d'art qui seront établis au-dessus de la voie.

Dans les parties à deux voies, la largeur de l'entrevoie, mesurée entre les bords extérieurs des rails, sera de (1)

La largeur des accotements, c'est-à-dire des parties comprises de chaque côté entre le bord extérieur du rail et l'arête supérieure du ballast, sera de (2)

L'épaisseur de la couche de ballast sera d'au moins (3) et l'on ménagera, au pied de chaque talus du ballast, une banquette de largeur telle que l'arête de cette banquette se trouve à 90 centimètres au moins de la verticale de la partie la plus saillante du matériel roulant.

A moins d'une autorisation spéciale de l'Administration, il devra être réservé, entre les obstacles isolés se trouvant au-dessus du niveau des marchepieds latéraux, le long des voies principales, et les parties les plus saillantes du matériel roulant, une distance d'au moins 60 centimètres.

Le concessionnaire établira le long du chemin de fer les fossés ou rigoles qui seront jugés nécessaires pour l'assèchement de la voie et pour l'écoulement des eaux.

Les dimensions de ces fossés et rigoles seront déterminées par le préfet, suivant les circonstances locales, sur les propositions du concessionnaire.

---

(1) La largeur de l'entrevoie sera telle qu'entre les parties les plus saillantes de deux véhicules qui se croisent, il y ait un intervalle libre d'au moins 50 centimètres.

(2) En général, et à moins de circonstances exceptionnelles dont il devra être justifié, cette largeur sera d'au moins 75 centimètres pour la voie de 1^m,44, 60 centimètres pour les voies de 1^m,055, 1 mètre et 80 centimètres, et 50 centimètres pour les voies de 75 centimètres et de 60 centimètres.

(3) L'épaisseur totale du ballast doit être déterminée de manière qu'il existe au moins une épaisseur de ballast de 15 centimètres sous les traverses, sans que la différence de niveau entre le dessus du rail et la plate-forme puisse être inférieure à 30 centimètres.

ART. 8.

(Modifié par le décret du 13 février 1900.)

Les alignements seront raccordés entre eux par des courbes dont le rayon ne pourra être inférieur à (1) .

Une partie de (2) au moins de longueur devra être ménagée entre deux courbes consécutives, lorsqu'elles seront dirigées en sens contraire.

Le maximum des déclivités est fixé à (3) millimètres par mètre.

Une partie horizontale de (4) mètres au moins devra être ménagée entre deux déclivités consécutives de sens contraire et versant leurs eaux au même point.

Les déclivités correspondant aux courbes de faible rayon devront être réduites autant que faire se pourra.

Le concessionnaire aura la faculté, dans des cas exceptionnels, de proposer aux dispositions du présent article les modifications qui lui paraîtraient utiles; mais ces modifications ne pourront être exécutées que moyennant l'approbation préalable du préfet.

---

(1) En général et à moins de circonstances exceptionnelles dont il devra être justifié, 150 mètres pour les chemins à voie de 1^m,44; 75 mètres pour les chemins à voie de 1^m,055 et de 1 mètre; 60 mètres pour les chemins de 80 centimètres; 50 mètres pour les chemins à voie de 75 centimètres et 40 mètres pour les chemins à voie de 60 centimètres.

(2) En général, 60 mètres pour la voie de 1^m,44; 40 mètres pour les voies de 1^m,055 et de 1 mètre; 30 mètres pour la voie de 80 centimètres et 25 mètres pour les voies de 75 et 60 centimètres.

(3) A fixer dans chaque cas particulier et de façon à satisfaire, lorsqu'il y aura lieu, aux obligations imposées par l'article 33 du règlement d'administration publique relatif aux chemins de fer empruntant le sol des routes.

(4) En général, 60 mètres pour la voie de 1^m,44; 40 mètres pour les voies de 1^m,055, de 1 mètre et de 80 centimètres, et 30 mètres pour les voies de 75 et de 60 centimètres.

ART. 9.

Le nombre et l'emplacement des stations ou haltes de Gares et stations. voyageurs et des gares de marchandises seront arrêtés par le *conseil général*, sur les propositions du concessionnaire, après une enquête spéciale.

Il demeure toutefois entendu, dès à présent, que des stations seront établies dans les localités indiquées ci-après :

Si, pendant l'exploitation, de nouvelles stations, gares ou haltes sont reconnues nécessaires d'accord entre le *département* et le concessionnaire, il sera procédé à une enquête spéciale.

L'emplacement en sera définitivement arrêté par le *conseil général*, le concessionnaire entendu.

Le nombre, l'étendue et l'emplacement des gares d'évitement seront déterminés par le préfet, le concessionnaire entendu; si la sécurité publique l'exige, le préfet pourra, pendant le cours de l'exploitation, prescrire l'établissement de nouvelles gares d'évitement ainsi que l'augmentation des voies dans les stations et aux abords des stations.

Le concessionnaire sera tenu, préalablement à tout commencement d'exécution, de soumettre au préfet les projets de détail de chaque gare, station ou halte, lesquels se composeront :

1° D'un plan à l'échelle de $\frac{1}{500}$ indiquant les voies, les quais, les bâtiments et leur distribution intérieure, ainsi que la disposition de leurs abords;

2° D'une élévation des bâtiments à l'échelle d'un centimètre par mètre;

3° D'un mémoire descriptif dans lequel les dispositions essentielles du projet seront justifiées.

ART. 10.

Traversée
des
routes et chemins.

Le concessionnaire sera tenu de rétablir les communications interceptées par le chemin de fer, suivant les dispositions qui seront approuvées par l'administration compétente.

ART. 11.

(Modifié par le décret du 13 février 1900.)

Passages
au-dessus
des
routes et chemins.

Lorsque le chemin de fer devra passer au-dessus d'une route nationale ou départementale, ou d'un chemin vicinal, l'ouverture du viaduc sera fixée par le Ministre des travaux publics ou le préfet, suivant les cas, en tenant compte des circonstances locales; mais cette ouverture ne pourra, dans aucun cas, être inférieure à huit mètres ($8^m,oo$) (1) pour la route nationale, à six mètres ($6^m,oo$) (1) pour la route départementale et pour un chemin vicinal de grande communication et à quatre mètres ($4^m,oo$) (1) pour un simple chemin vicinal ou rural.

Pour les viaducs, la hauteur libre, à partir du sol de la route, au-dessus de la chaussée dans toute sa largeur, ne sera pas inférieure à quatre mètres trente centimètres ($4^m,3o$).

La largeur entre les parapets sera au moins de (2) .
La hauteur de ces parapets ne pourra, dans aucun cas, être inférieure à un mètre ($1^m,oo$).

Sur les lignes et sections pour lesquelles la compagnie exécutera les ouvrages d'art pour deux voies, la largeur des viaducs entre les parapets sera au moins de (2) .

(1) Ces largeurs devront être augmentées suivant les besoins, notamment aux abords des grands centres de population et dans les pays où l'on peut prévoir l'emploi de machines agricoles.

(2) En général dans le cas de la voie unique, 4 m. 5o pour la voie de 1 m. 44, 4 mètres pour les voies de 1 m. o55 et 1 mètre, 3 m. 70 pour la voie de 8o centimètres, 3 m. 60 pour les voies de 75 centimètres et de 6o centimètres. Dans le cas d'une ligne à double voie, 8 mètres pour la voie de 1 m. 44, 7 m. 3o pour les voies de 1 m. o55 et de 1 mètre, 6 m. 60 pour la voie de 8o centimètres et 6 m. 3o pour les voies de 75 centimètres et 6o centimètres.

ART. 12.

(Modifié par le décret du 13 février 1900.)

Lorsque le chemin de fer devra passer au-dessous d'une route nationale ou départementale, ou d'un chemin vicinal, la largeur entre les parapets du pont qui supportera la route ou le chemin sera fixée par le Ministre des travaux publics ou le préfet, suivant les cas, en tenant compte des circonstances locales; mais cette largeur ne pourra, dans aucun cas, être inférieure à huit mètres (8^m,00) (1) pour la route nationale, à six mètres (6^m,00) (1) pour la route départementale et pour un chemin vicinal de grande communication et à quatre mètres (4^m,00) (1) pour un simple chemin vicinal ou rural.

L'ouverture du pont entre les culées sera au moins de (2),

pour les chemins à une voie, et de (2) sur les lignes ou sections pour lesquelles le concessionnaire exécutera les ouvrages d'art pour deux voies. Cette largeur régnera jusqu'à deux mètres (2^m,00) au moins au-dessus du niveau du rail. La distance verticale qui sera ménagée au-dessus des rails pour le passage des trains, dans une largeur égale à celle qui est occupée par les caisses des voitures, ne sera pas inférieure à (3)

Passages au-dessous des routes et chemins.

ART. 13.

(Modifié par le décret du 13 février 1900.)

Dans le cas où des routes nationales ou départementales, ou des chemins vicinaux, ruraux ou particuliers, seraient

Passages à niveau

---

(1) Ces largeurs devront être augmentées suivant les besoins, notamment aux abords des grands centres de population et dans les pays où on peut prévoir l'emploi de machines agricoles.

(2) Même largeur qu'à l'article 11.

(3) 4 m. 80 pour la voie de 1 m. 44; pour les autres voies, cette distance verticale sera égale à la plus grande hauteur du matériel roulant augmentée en général, et à moins de circonstances exceptionnelles dont il devra être justifié, de 60 centimètres.

10.

traversés à leur niveau par le chemin de fer, les rails et contre-rails devront être posés sans aucune saillie ni dépression sur la surface de ces routes, et de telle sorte qu'il n'en résulte aucune gêne pour la circulation des voitures.

Le croisement à niveau du chemin de fer et des routes ne pourra s'effectuer sous un angle inférieur à 45°, à moins d'une autorisation formelle de l'Administration supérieure.

L'ouverture libre des passages à niveau sera d'au moins six mètres (6^m,00) pour les routes nationales et départementales et les chemins vicinaux de grande communication et d'au moins quatre mètres (4^m,00) pour tous les autres chemins (1).

Le préfet déterminera, sur la proposition du concessionnaire, les types des barrières qu'il devra poser aux passages à niveau, ainsi que des abris ou maisons de gardes à établir. Il peut dispenser d'établir des maisons de gardes ou des abris, et même de poser des barrières, au croisement des chemins peu fréquentés.

La déclivité des routes et chemins aux abords des passages à niveau sera réduite à vingt millièmes au plus sur dix mètres de longueur de part et d'autre de chaque passage.

ART. 14.

Rectifications des routes.

Lorsqu'il y aura lieu de modifier l'emplacement ou le profil des routes existantes, l'inclinaison des pentes et rampes sur les routes modifiées ne pourra excéder trois centimètres (0^m,03) par mètre pour les routes nationales et cinq centimètres (0^m,05) pour les routes départementales et les chemins vicinaux. Le préfet restera libre toutefois d'apprécier les circonstances qui pourraient motiver une dérogation à cette clause, en ce qui touche les routes dépar-

(1) Ce minimum devra être augmenté suivant les besoins, notamment aux abords des grands centres de population et dans les pays où on peut prévoir l'emploi de machines agricoles.

tementales et les chemins vicinaux; le Ministre statuera en tout ce qui touche les routes nationales.

ART. 15.

Le concessionnaire sera tenu de rétablir et d'assurer à ses frais, pendant la durée de sa concession, l'écoulement de toutes les eaux dont le cours aurait été arrêté, suspendu ou modifié par ses travaux et de prendre les mesures nécessaires pour prévenir l'insalubrité pouvant résulter des chambres d'emprunt.

Écoulement
des eaux;
débouché des ponts.

Les viaducs à construire à la rencontre des rivières, des canaux et des cours d'eau quelconques auront au moins (1) de largeur entre les parapets sur les chemins à une voie et (1) sur les chemins à deux voies, et ils présenteront en outre les garages nécessaires pour la sécurité des ouvriers de la voie. La hauteur des parapets ne pourra être inférieure à un mètre ($1^m,00$).

La hauteur et le débouché du viaduc seront déterminés, dans chaque cas particulier, par l'Administration, suivant les circonstances locales.

Dans tous les cas où l'Administration le jugera utile, il pourra être accolé aux ponts établis par le concessionnaire, pour le service du chemin de fer, une voie charretière ou une passerelle pour piétons. L'excédent de dépense qui en résultera sera supporté, suivant les cas, par l'État, le département ou les communes intéressées, d'après l'évaluation contradictoire qui sera faite par les ingénieurs ou les agents désignés par l'autorité compétente et par les ingénieurs de la compagnie.

ART. 16.

Les souterrains à établir pour le passage du chemin de

Souterrains.

---

(1) Même largeur qu'à l'article 11.

fer auront au moins (1)   de largeur entre les pieds-
droits au niveau des rails, pour les chemins à une voie,
et (1)   de largeur pour les lignes ou sections à deux
voies. Cette largeur régnera jusqu'à deux mètres (2ᵐ,00) au
moins au-dessus du niveau du rail. Des garages seront établis à cinquante mètres (50ᵐ,00) de distance de chaque
côté, et seront disposés en quinconce d'un côté à l'autre.
La hauteur sous clef au-dessus de la surface des rails sera
de (2)   . La distance verticale qui sera ménagée
entre l'intrados et le dessus des rails, pour le passage des
trains, dans une largeur égale à celle qui est occupée par
les caisses des voitures, ne sera pas inférieure à (3)   .
L'ouverture des puits d'aérage et de construction des souterrains sera entourée d'une margelle en maçonnerie de
deux mètres (2ᵐ,00) de hauteur. Cette ouverture ne pourra
être établie sur aucune voie publique.

ART. 17.

Maintien
des
communications.

A la rencontre des cours d'eau flottables ou navigables,
le concessionnaire sera tenu de prendre toutes les mesures
et de payer tous les frais nécessaires pour que le service de
la navigation ou du flottage n'éprouve ni interruption ni
entrave pendant l'exécution des travaux.

A la rencontre des routes nationales ou départementales
et des autres chemins publics, il sera construit des chemins
et ponts provisoires, par les soins et aux frais du concessionnaire, partout où cela sera jugé nécessaire pour que la
circulation n'éprouve aucune interruption ni gêne.

Avant que les communications existantes puissent être

---

(1) Même largeur qu'à l'article 12.

(2) Cette hauteur sera égale à la hauteur maximum du gabarit du
matériel roulant, augmentée d'un intervalle libre, nécessaire pour
l'aérage, d'au moins un mètre vingt centimètres (1ᵐ,20) pour une
ou pour deux voies.

(3) Même distance verticale qu'à l'article 12.

interceptées, une reconnaissance sera faite par les ingénieurs de la localité, à l'effet de constater si les ouvrages provisoires présentent une solidité suffisante et s'ils peuvent assurer le service de la circulation.

Un délai sera fixé par l'Administration pour l'exécution des travaux définitifs destinés à rétablir les communications interceptées.

ART. 18.

Le concessionnaire n'emploiera dans l'exécution des ouvrages que des matériaux de bonne qualité; il sera tenu de se conformer à toutes les règles de l'art, de manière à obtenir une construction parfaitement solide.

Tous les aqueducs, ponceaux, ponts et viaducs à construire à la rencontre des divers cours d'eau et des chemins publics ou particuliers seront en maçonnerie ou en fer, sauf les cas d'exception qui pourront être admis par l'Administration.

Exécution des travaux.

ART. 19.

Les voies seront établies d'une manière solide et avec des matériaux de bonne qualité.

Les rails seront en   et du poids de (1) kilogrammes au moins par mètre courant sur les voies de circulation.

L'espacement maximum des traverses sera de
d'axe en axe.

Voies.

ART. 20.

(Modifié par le décret du 13 février 1900.)

Le chemin de fer sera séparé des propriétés riveraines par des murs, haies ou toute autre clôture dont le mode et la disposition seront agréés par le préfet. Le concession-

Clôtures.

---

(1) En général, et à moins de circonstances exceptionnelles dont il devra être justifié, 30 kilogrammes en fer et 25 kilogrammes en acier sur les chemins à voie large; le poids sera fixé dans chaque affaire pour les chemins à voie étroite.

naire pourra, conformément à l'article 20 de la loi du
11 juin 1880, être dispensé de poser des clôtures sur tout
ou partie de la voie; mais il devra fournir des justifications
spéciales pour être dispensé d'en établir:

1° Dans la traversée des lieux babités;

2° Dans les parties contiguës à des chemins publics;

3° Sur dix mètres de longueur au moins de chaque côté
des passages à niveau;

4° Aux abords des stations.

ART. 21.

Indemnités
de terrains
et
de dommages.

Tous les terrains nécessaires pour l'établissement du
chemin de fer et de ses dépendances, pour la déviation des
voies de communication et des cours d'eau déplacés et, en
général, pour l'exécution des travaux, quels qu'ils soient,
auxquels cet établissement pourra donner lieu, seront
achetés et payés par le concessionnaire (1).

Les indemnités pour occupation temporaire ou pour détérioration de terrains, pour chômage, modification ou
destruction d'usines et pour tous dommages quelconques
résultant des travaux, seront supportées et payées par le
concessionnaire.

ART. 22.

Droits conférés
au
concessionnaire.

L'entreprise étant d'utilité publique, le concessionnaire
est investi, pour l'exécution des travaux dépendant de sa
concession, de tous les droits que les lois et règlements
confèrent à l'Administration en matière de travaux publics,
soit pour l'acquisition des terrains par voie d'expropriation,
soit pour l'extraction, le transport et le dépôt des terres,
matériaux, etc., et il demeure en même temps soumis à

---

(1) Il y aura lieu de modifier ce paragraphe dans le cas où le
département ou les communes auraient pris l'engagement de fournir
les terrains.

toutes les obligations qui dérivent, pour l'Administration, de ces lois et règlements.

ART. 23.

Dans les limites de la zone frontière et dans le rayon de servitude des enceintes fortifiées, le concessionnaire sera tenu, pour l'étude et l'exécution de ses projets, de se soumettre à l'accomplissement de toutes les formalités et de toutes les conditions exigées par les lois, décrets et règlements concernant les travaux mixtes.

Servitudes militaires.

ART. 24.

Si la ligne du chemin de fer traverse un sol déjà concédé pour l'exploitation d'une mine, les travaux de consolidation à faire dans l'intérieur de la mine qui pourraient être imposés par le Ministre des travaux publics, ainsi que les dommages résultant de cette traversée pour les concessionnaires de la mine, seront à la charge du concessionnaire.

Mines.

ART. 25.

Si le chemin de fer doit s'étendre sur des terrains renfermant des carrières ou les traverser souterrainement, il ne pourra être livré à la circulation avant que les excavations qui pourraient en compromettre la solidité aient été remblayées ou consolidées. Les travaux que le Ministre des travaux publics pourrait ordonner à cet effet seront exécutés par les soins et aux frais du concessionnaire.

Carrières.

ART. 26.

Les travaux seront soumis au contrôle et à la surveillance du préfet, sous l'autorité du Ministre des travaux publics.

Ils seront conduits de manière à nuire le moins possible à la liberté et à la sûreté de la circulation. Les chantiers

Contrôle et surveillance des travaux.

11

ouverts sur le sol des voies publiques seront éclairés et gardés pendant la nuit.

Les travaux devront être adjugés par lots et sur série de prix, soit avec publicité et concurrence, soit sur soumissions cachetées entre entrepreneurs agréés à l'avance; toutefois, si le conseil d'administration juge convenable, pour une entreprise ou une fourniture déterminée, de procéder par voie de régie ou de traité direct, il devra obtenir de l'assemblée générale des actionnaires la sanction soit de la régie, soit du traité.

Tout marché à forfait, avec ou sans série de prix, passé avec un entrepreneur, soit pour l'ensemble du chemin de fer, soit pour l'exécution des terrassements ou ouvrages d'art, soit pour la construction d'une ou plusieurs sections du chemin, est, dans tous les cas, formellement interdit.

Le contrôle et la surveillance du préfet auront pour objet d'empêcher le concessionnaire de s'écarter des dispositions prescrites par le présent cahier des charges et de celles qui résulteront des projets approuvés.

ART. 27.

Réception des travaux.

A mesure que les travaux seront terminés sur des parties de chemin de fer susceptibles d'être livrées utilement à la circulation, il sera procédé à la reconnaissance et, s'il y a lieu, à la réception provisoire de ces travaux par un ou plusieurs commissaires que le préfet désignera.

Sur le vu du procès-verbal de cette reconnaissance, le préfet autorisera, s'il y a lieu, la mise en exploitation des parties dont il s'agit; après cette autorisation, le concessionnaire pourra mettre lesdites parties en service et y percevoir les taxes ci-après déterminées. Toutefois, ces réceptions partielles ne deviendront définitives que par la réception générale et définitive du chemin de fer, laquelle sera faite dans la même forme que les réceptions partielles.

ART. 28.

Immédiatement après l'achèvement des travaux et au plus tard six mois après la mise en exploitation de la ligne ou de chaque section, le concessionnaire fera faire à ses frais un bornage contradictoire avec chaque propriétaire riverain, en présence d'un représentant du département, ainsi qu'un plan cadastral du chemin de fer et de ses dépendances. Il fera dresser également à ses frais, et contradictoirement avec les agents désignés par le préfet, un état descriptif de tous les ouvrages d'art qui auront été exécutés, ledit état accompagné d'un atlas contenant les dessins cotés de tous les ouvrages.

Bornage
et
plan cadastral.

Une expédition dûment certifiée des procès-verbaux de bornage, du plan cadastral, de l'état descriptif et de l'atlas sera dressée aux frais du concessionnaire et déposée dans les archives de la préfecture.

Les terrains acquis par le concessionnaire postérieurement au bornage général, en vue de satisfaire aux besoins de l'exploitation, et qui, par cela même, deviendront partie intégrante du chemin de fer, donneront lieu, au fur et à mesure de leur acquisition, à des bornages supplémentaires et seront ajoutés sur le plan cadastral; addition sera également faite sur l'atlas de tous les ouvrages d'art exécutés postérieurement à sa rédaction.

TITRE II.

ENTRETIEN ET EXPLOITATION.

ART. 29.

Le chemin de fer et toutes ses dépendances seront constamment entretenus en bon état, de manière que la circulation y soit toujours facile et sûre.

Entretien.

Les frais d'entretien et ceux auxquels donneront lieu les réparations ordinaires et extraordinaires seront entièrement à la charge du concessionnaire.

Si le chemin de fer, une fois achevé, n'est pas constamment entretenu en bon état, il y sera pourvu d'office à la diligence du préfet et aux frais du concessionnaire, sans préjudice, s'il y a lieu, de l'application des dispositions indiquées ci-après dans l'article 39.

Le montant des avances faites sera recouvré au moyen de rôles que le préfet rendra exécutoires.

ART. 30.

Gardiens.

Le concessionnaire sera tenu d'établir à ses frais, partout où la nécessité en aura été reconnue par le préfet, des gardiens en nombre suffisant pour assurer la sécurité du passage des trains sur la voie et celle de la circulation sur les points où le chemin de fer traverse à niveau des routes ou chemins publics.

ART. 31.

(Modifié par le décret du 13 février 1900.)

Matériel roulant.

Le matériel roulant qui sera mis en circulation sur le chemin de fer concédé devra passer librement dans le gabarit, dont les dimensions sont définies par le deuxième paragraphe de l'article 7. Il devra satisfaire aux conditions fixées ou à fixer pour les transports militaires.

Les machines locomotives seront construites sur les meilleurs modèles; elles devront consumer leur fumée et satisfaire d'ailleurs à toutes les conditions prescrites ou à prescrire par l'Administration pour la mise en service de ce genre de machines.

Les voitures de voyageurs devront également être faites d'après les meilleurs modèles et satisfaire à toutes les conditions fixées ou à fixer pour les voitures servant au transport des voyageurs sur les chemins de fer. Elles seront suspendues *sur ressorts et pourront être à deux étages* (1).

L'étage inférieur sera complètement couvert, garni de banquettes avec dossiers, fermé à glaces, muni de rideaux et éclairé pendant la nuit; *l'étage supérieur* [1] *sera couvert et garni de banquettes avec dossiers; on y accédera au moyen d'escaliers qui seront accompagnés, ainsi que les couloirs donnant accès aux places, de gardes-corps solides, d'au moins un mètre dix centimètres, de hauteur utile.*

Les dossiers et les banquettes devront être inclinés et les dossiers seront élevés à la hauteur de la tête des voyageurs.

Il y aura des places de   classes; on se conformera, pour la disposition particulière des places de chaque classe, aux prescriptions qui sont arrêtées par le préfet.

L'intérieur de chaque compartiment contiendra l'indication du nombre de places de ce compartiment.

Le préfet pourra exiger qu'un compartiment de chaque classe soit réservé, dans les trains de voyageurs, aux femmes voyageant seules.

Les voitures à voyageurs seront chauffées pendant la saison froide, sauf exceptions autorisées par le préfet, sur l'avis du service du contrôle.

Les voitures de voyageurs, les wagons destinés au transport des marchandises, des chaises de poste, des chevaux ou des bestiaux, les plates-formes et, en général, toutes les parties du matériel roulant, seront de bonne et solide construction.

Le concessionnaire sera tenu, pour la mise en service de ce matériel, de se soumettre à tous les règlements sur la matière.

Le nombre des voitures à frein qui doivent entrer dans la composition des trains sera réglé par le préfet en rapport avec les déclivités de la ligne.

---

(1) Supprimer les parties en *italique* si la largeur de la voie est inférieure à 1 mètre, les voitures à deux étages n'étant pas autorisées dans ce cas.

Les machines locomotives, tenders, voitures, wagons de toute espèce, plates-formes, composant le matériel roulant, seront constamment tenus en bon état.

ART. 32.

Nombre minimum des trains.

Le nombre minimum des trains qui desserviront tous les jours la ligne entière dans chaque sens est fixé à   .

ART. 33.

(Modifié par le décret du 13 février 1900.)

Règlements de police et d'exploitation.

Le concessionnaire supportera les dépenses qu'entraînera l'exécution des ordonnances, décrets, décisions ministérielles et arrêtés préfectoraux rendus ou à rendre par application de la loi du 15 juillet 1845 et de celle du 11 juin 1880, au sujet de la police et de l'exploitation du chemin de fer.

Le concessionnaire sera tenu de soumettre à l'approbation du préfet les règlements de service intérieur relatifs à l'exploitation du chemin de fer.

Le préfet déterminera, sur la proposition du concessionnaire et sur l'avis du service du contrôle, le maximum de la vitesse des convois de voyageurs et de marchandises sur les différentes sections de la ligne, la durée du trajet et le tableau de la marche des trains.

TITRE III.

DURÉE, RACHAT ET DÉCHÉANCE DE LA CONCESSION.

ART. 34.

Durée de la concession.

La durée de la concession pour l   ligne mentionnée   à l'article 1ᵉʳ du présent cahier des charges commencera à courir de la date de la loi qui approuvera la concession. Celle-ci prendra fin le   .

ART. 35.

(Modifié par le décret du 13 février 1900.)

A l'époque fixée pour l'expiration de la concession et par le seul fait de cette expiration, le *département* sera subrogé à tous les droits du concessionnaire sur le chemin de fer et ses dépendances et il entrera immédiatement en jouissance de tous ses produits.

Expiration
de la concession.

Le concessionnaire sera tenu de lui remettre en bon état d'entretien le chemin de fer et tous les immeubles qui en dépendent, quelle qu'en soit l'origine, tels que les bâtiments des gares et stations, les remises, ateliers et dépôts, les usines et installations de toute nature établies en vue de la production et du transport de l'énergie électrique ou autre destinée à l'exploitation du chemin de fer, les maisons de garde, etc. Il en sera de même de tous les objets immobiliers dépendant également dudit chemin, tels que les barrières et clôtures, les voies, changements de voie, plaques tournantes, réservoirs d'eau, grues hydrauliques, machines fixes, etc.

Dans les cinq dernières années qui précéderont le terme de la concession, le *département* aura le droit de saisir les revenus du chemin de fer et de les employer à rétablir en bon état le chemin de fer et ses dépendances, si le concessionnaire ne se mettait pas en mesure de satisfaire pleinement et entièrement à cette obligation.

En ce qui concerne les objets mobiliers (1), tels que le

---

(1) Si le *département* veut se réserver la propriété des objets mobiliers tels que matériel roulant, mobilier et outillage, qui auront été payés, soit par lui, soit à l'aide de fonds dont il supporte ou garantit l'intérêt et l'amortissement, une clause spéciale devra être insérée à cet effet dans la convention.

matériel roulant, le mobilier des stations, l'outillage des ateliers et des gares, le *département* se réserve le droit de les reprendre en totalité ou pour telle partie qu'il jugera convenable, à dire d'experts, mais sans pouvoir y être contraint. La valeur des objets repris sera payée au concessionnaire dans les six mois qui suivront l'expiration de la concession et la remise du matériel au *département*.

Le *département* sera tenu, si le concessionnaire le requiert, de reprendre les matériaux, combustibles et approvisionnements de tout genre, sur l'estimation qui en sera faite à dire d'experts; et réciproquement, si le *département* le requiert, le concessionnaire sera tenu de céder ces approvisionnements de la même manière. Toutefois le *département* ne pourra être obligé de reprendre que les approvisionnements nécessaires à l'exploitation du chemin pendant six mois.

ART. 36.

Rachat
de la concession.

Le *département* aura toujours le droit de racheter la concession.

Si le rachat a lieu avant l'expiration des *quinze* premières années de l'exploitation, il se fera conformément au paragraphe 3 de l'article 11 de la loi du 11 juin 1880. Ce terme de *quinze* ans sera compté à partir de la mise en exploitation effective de la ligne entière, ou au plus tard à partir de la fin du délai qui est fixé dans l'article 2 du présent cahier des charges, sans tenir compte des retards qui auraient eu lieu dans l'achèvement des travaux.

Si le rachat de la concession entière est demandé par le *département* après l'expiration des *quinze* premières années de l'exploitation, on réglera le prix du rachat en relevant les produits nets annuels obtenus par le concessionnaire pendant les *sept* années qui auront précédé celle où le rachat sera effectué et en y comprenant les annuités qui auront été payées à titre de subvention; on en déduira les produits nets des *deux* plus faibles années et l'on établira le produit net moyen des *cinq* autres années.

Ce produit net moyen formera le montant d'une annuité qui sera due et payée au concessionnaire pendant chacune des années restant à courir sur la durée de la concession.

Dans aucun cas, le montant de l'annuité ne sera inférieur au produit net de la dernière des *sept* années prises pour terme de comparaison.

Le concessionnaire recevra, en outre, dans les *six* mois qui suivront le rachat, les remboursements auxquels il aurait droit à l'expiration de la concession, suivant les deux derniers paragraphes de l'article 35, la reprise de la totalité des objets mobiliers étant ici obligatoire dans tous les cas pour le *département*.

Le concessionnaire ne pourra élever aucune réclamation dans le cas où, le chemin concédé ayant été déclaré d'intérêt général, l'État sera substitué au *département* dans tous les droits que ce dernier tient de la loi du 11 juin 1880 et du présent cahier des charges.

Si l'État rachète la concession passé le terme de *quinze* années qui est fixé dans le paragraphe premier du présent article, le rachat sera opéré suivant les dispositions qui précèdent. Dans le cas où, au contraire, l'État déciderait de racheter la concession avant l'expiration de ce terme, l'indemnité qui pourra être due au concessionnaire sera liquidée par une commission spéciale, conformément au paragraphe 3 de l'article 11 de la loi du 11 juin 1880.

ART. 37.

Si le concessionnaire n'a pas remis au préfet les projets définitifs ou s'il n'a pas commencé les travaux dans les délais fixés par les articles 2 et 3, il encourra la déchéance qui

Déchéance.

sera prononcée par le Ministre des travaux publics après une mise en demeure, sauf recours au Conseil d'État par la voie contentieuse.

Dans ces deux cas, la somme de   ,
qui aura été déposée, ainsi qu'il sera dit à l'article 66, à titre de cautionnement, deviendra la propriété du *département* et lui restera acquise.

ART. 38.

Achèvement
des travaux
en cas
de déchéance

Faute par le concessionnaire d'avoir poursuivi et terminé les travaux dans les délais et conditions fixés par l'article 2, faute aussi par lui d'avoir rempli les diverses obligations qui lui sont imposées par le présent cahier des charges, et dans le cas prévu par l'article 10 de la loi du 11 juin 1880, il encourra soit la perte partielle de son cautionnement dans les conditions prévues par l'acte de concession, soit la perte totale de ce cautionnement, soit enfin la déchéance. Dans tous les cas, il sera statué sur la demande du *département*, après mise en demeure, par le Ministre des travaux publics, sauf recours au Conseil d'État par la voie contentieuse. Dans les deux premiers cas, le cautionnement sera reconstitué dans le mois de la décision ministérielle.

Dans le cas de déchéance, il sera pourvu tant à la continuation et à l'achèvement des travaux qu'à l'exécution des autres engagements contractés par le concessionnaire, au moyen d'une adjudication que l'on ouvrira sur une mise à prix des ouvrages exécutés, des matériaux approvisionnés et des parties du chemin de fer déjà livrées à l'exploitation.

Nul ne sera admis à concourir à cette adjudication s'il n'a été préalablement agréé par le préfet.

A cet effet, les personnes qui voudraient concourir seront tenues de déclarer, dans le délai qui sera fixé, leur intention, par écrit déposé à la préfecture et accompagné des pièces propres à justifier des ressources nécessaires pour remplir les engagements à contracter.

Ces pièces seront examinées par le préfet en conseil de préfecture. Chaque soumissionnaire sera informé de la décision prise en ce qui le concerne et, s'il y a lieu, du jour de l'adjudication.

Les personnes qui auront été admises à concourir devront faire, soit à la Caisse des dépôts et consignations, soit à la recette générale du département, le dépôt de garantie, qui devra être égal au moins au trentième de la dépense à faire par le concessionnaire.

L'adjudication aura lieu suivant les formes indiquées aux articles 11, 12, 13, 15 et 16 de l'ordonnance royale du 10 mai 1829.

Les soumissions ne pourront être inférieures à la mise à prix.

Le nouveau concessionnaire sera soumis aux clauses du présent cahier des charges et substitué au concessionnaire évincé pour recevoir les subventions de toute nature à échoir aux termes de l'acte de concession; le concessionnaire évincé recevra de lui le prix que la nouvelle adjudication aura fixé.

La partie du cautionnement qui n'aura pas encore été restituée deviendra la propriété du *département*.

Si l'adjudication ouverte n'amène aucun résultat, une seconde adjudication sera tentée sur les mêmes bases, après un délai de trois mois. Cette fois, les soumissions pourront être inférieures à la mise à prix. Si cette seconde tentative reste également sans résultats, le concessionnaire sera définitivement déchu de tous droits et alors les ouvrages exécutés, les matériaux approvisionnés et les parties de chemin de fer déjà livrées à l'exploitation appartiendront au *département*.

ART. 39.

Si l'exploitation du chemin de fer vient à être interrompue en totalité ou en partie, le préfet prendra immédia-

Interruption
de l'exploitation

12.

tement, aux frais et risques du concessionnaire, les mesures nécessaires pour assurer provisoirement le service.

Si, dans les trois mois de l'organisation du service provisoire, le concessionnaire n'a pas valablement justifié qu'il est en état de reprendre et de continuer l'exploitation et s'il ne l'a pas effectivement reprise, la déchéance pourra être prononcée par le Ministre des travaux publics. Cette déchéance prononcée, le chemin de fer et toutes ses dépendances seront mis en adjudication et il sera procédé ainsi qu'il est dit à l'article précédent.

ART. 40.

Cas
de force majeure.

Les dispositions des trois articles qui précèdent ne seraient pas applicables et la déchéance ne serait pas encourue, dans le cas où le concessionnaire n'aurait pu remplir ses obligations par suite de circonstances de force majeure dûment constatées.

TITRE IV.

TAXES ET CONDITIONS RELATIVES AU TRANSPORT DES VOYAGEURS ET DES MARCHANDISES.

———

ART. 41.

Tarif des droits
à percevoir.

Pour indemniser le concessionnaire des travaux et dépenses qu'il s'engage à faire par le présent cahier des charges, et sous la condition expresse qu'il en remplira exactement toutes les obligations, il est autorisé à percevoir, pendant toute la durée de la concession, les droits de péage et les prix de transport ci-après déterminés :

TARIF.

1° PAR TÊTE ET PAR KILOMÈTRE.

	PRIX		
	de PÉAGE.	de TRANS-PORT.	TOTAUX.
	(1)	(1)	(1)

Grande vitesse.

Voyageurs...... { Voitures couvertes, garnies et fermées à glaces (1re classe).	0^f067	0^f033	$0^f 10$
Voitures couvertes, fermées à glaces et à banquettes rembourrées (2e classe)......	0 050	0 025	0 075
Voitures couvertes et fermées à vitres (3e classe)........	0 037	0 018	0 055

Enfants.
Au-dessous de 3 ans, les enfants ne payent rien, à la condition d'être portés sur les genoux des personnes qui les accompagnent.
De 3 à 7 ans, ils payent demi-place et ont droit à une place distincte; toutefois, dans un même compartiment, deux enfants ne pourront occuper que la place d'un voyageur.
Au-dessus de 7 ans ils payent place entière.

Chiens transportés dans les trains de voyageurs....	0 01	0 005	0 015

Sans que la perception puisse être inférieure à $0^f 30^c$.

Petite vitesse.

Bœufs, vaches, taureaux, chevaux, mulets, bêtes de trait...............................	0 07	0 03	0 10
Veaux et porcs...........................	0 025	0 015	0 04
Moutons, brebis, agneaux, chèvres............	0 01	0 01	0 02

Lorsque les animaux ci-dessus dénommés seront, sur la demande des expéditeurs, transportés à la vitesse des trains de voyageurs, les prix seront doublés.

(1) Chiffres à fixer pour chaque concession; les chiffres inscrits ci-dessous sont présentés à titre de renseignement utile à consulter, mais ils pourront être modifiés selon les circonstances locales, ainsi que les autres dispositions ci-après.

2° PAR TONNE ET PAR KILOMÈTRE.

	PRIX		
	de PÉAGE.	do TRANS-PORT.	TOTAUX.
Marchandises transportées à grande vitesse.			
Huîtres. — Poissons frais. — Denrées. — Excédents de bagages et marchandises de toute classe transportées à la vitesse des trains de voyageurs.....	0ᶠ 20	0ᶠ 16	0ᶠ 36
Marchandises transportées à petite vitesse.			
1ʳᵉ classe. Spiritueux. — Huiles. — Bois de menuiserie, de teinture et autres bois exotiques. — Produits chimiques non dénommés. — OEufs. — Viande fraîche. — Gibier. — Sucre. — Café. — Drogues. — Épiceries. — Tissus. — Denrées coloniales. — Objets manufacturés. — Armes....................	0 09	0 07	0 16
2ᵉ classe. Blés. — Grains. — Farines. — Légumes farineux. — Riz, maïs, châtaignes et autres denrées alimentaires non dénommées. — Chaux et plâtres. — Charbons de bois. — Bois à brûler dit de corde. — Perches. — Chevrons. — Planches. — Madriers. — Bois de charpente. — Marbre en bloc. — Albâtre. — Bitume. — Cotons. — Laines. — Vins. — Vinaigres. — Boissons. — Bières. — Levure sèche. — Coke. — Fers. — Cuivres. — Plomb et autres métaux ouvrés ou non. — Fontes moulées....................	0 08	0 06	0 14
3ᵉ classe. Pierres de taille et produits de carrières. — Minerais autres que les minerais de fer. — Fonte brute. — Sel. — Moellons. — Meulières. — Argiles. — Briques. — Ardoises.	0 06	0 04	0 10
4ᵉ classe. Houille. — Marne. — Cendres. — Fumiers. — Engrais. — Pierres à chaux et à plâtre. — Pavés et matériaux pour la construction et la réparation des routes. — Minerais de fer. — Cailloux et sables..............	0 05	0 03	0 08
Tarif spécial par wagon complet.			
Marchandises des 1ʳᵉ, 2ᵉ, 3ᵉ et 4ᵉ classes........	0 04	0 02	0 06

Les foins, fourrages, pailles et toutes marchandises ne pesant pas *six cent* kilogrammes sous le volume d'un mètre cube, *cinquante centimes* (0ᶠ 50ᵉ) par wagon et par kilomètre.

3° VOITURES ET MATÉRIEL ROULANT TRANSPORTÉS À PETITE VITESSE.

Par pièce et par kilomètre.

	de PÉAGE.	do TRANS-PORT.	TOTAUX.
Wagon ou chariot pouvant porter de 3 à 6 tonnes..	0 09	0 06	0 15
———————— pouvant porter plus de 6 tonnes.	0 12	0 08	0 20

	PRIX		
	de PÉAGE.	de TRANS-PORT.	TOTAUX.
Locomotive pesant de 12 à 18 tonnes (ne traînant pas de convoi)...........................	1ᶠ 80	1ᶠ 20	3ᶠ 00
Locomotive pesant plus de 18 tonnes (ne traînant pas de convoi)...........................	2 25	1 50	3 75
Tender de 7 à 10 tonnes.....................	0 90	0 60	1 50
Tender de plus de 10 tonnes.................	1 35	0 90	2 25
Les machines locomotives seront considérées comme ne traînant pas de convoi, lorsque le convoi remorqué, soit de voyageurs, soit de marchandises, ne comportera pas un péage au moins égal à celui qui serait perçu sur la locomotive avec son tender marchant sans rien traîner.			
Le prix à payer pour un wagon chargé ne pourra jamais être inférieur à celui qui serait dû pour un wagon marchant à vide.			
Voitures à 2 ou 4 roues, à un fond et à une seule banquette à l'intérieur...................	0 15	0 10	0 25
Voitures à 4 roues, à deux fonds et à deux banquettes dans l'intérieur, omnibus, diligences, etc.	0 18	0 14	0 32
Lorsque, sur la demande des expéditeurs, les transports auront lieu à la vitesse des trains de voyageurs, les prix ci-dessus seront doublés.			
Dans ce cas, deux personnes pourront, sans supplément de prix, voyager dans les voitures à une banquette, et trois dans les voitures à deux banquettes, omnibus, diligences, etc.; les voyageurs excédant ce nombre payeront le prix des places de deuxième classe.			
Voitures de déménagement à 2 ou 4 roues, à vide.	0 12	0 08	0 20
Ces voitures, lorsqu'elles seront chargées, payeront en sus du prix ci-dessus, par tonne de chargement et par kilomètre...................	0 08	0 06	0 14

4° SERVICE DES POMPES FUNÈBRES ET TRANSPORT DES CERCUEILS.

Grande vitesse.

Une voiture des pompes funèbres renfermant un ou plusieurs cercueils sera transportée aux mêmes prix et conditions qu'une voiture à 4 roues, à deux fonds et à deux banquettes.............	0 36	0 28	0 64
Chaque cercueil confié à l'administration du chemin de fer sera transporté, pour les trains ordinaires, dans un compartiment isolé, au prix de.......	0 18	0 12	0 30
Et pour les trains express, dans une voiture spéciale, au prix de.............................	0 60	0 40	1 00

Les prix déterminés ci-dessus ne comprennent pas l'impôt dû à l'État.

Il est expressément entendu que les prix de transport ne seront dus au concessionnaire qu'autant qu'il effectuerait lui-même ces transports à ses frais et par ses propres moyens; dans le cas contraire, il n'aura droit qu'aux prix fixés pour le péage.

La perception aura lieu d'après le nombre de kilomètres parcourus. Tout kilomètre entamé sera payé comme s'il avait été parcouru en entier.

Si la distance parcourue est inférieure à *six* kilomètres, elle sera comptée pour *six* kilomètres.

Le tableau des distances entre les diverses stations sera arrêté par le préfet d'après le procès-verbal de chaînage dressé contradictoirement par le concessionnaire et les ingénieurs du contrôle. Ce chaînage sera fait suivant la voie la plus courte, d'axe en axe des bâtiments des voyageurs des stations extrêmes. Les tarifs proposés d'après cette base seront soumis à l'homologation du préfet ou du Ministre des travaux publics, suivant les distinctions résultant de l'article 5 de la loi du 11 juin 1880.

Le poids de la tonne est de mille kilogrammes.

Les fractions de poids ne seront comptées, tant pour la grande que pour la petite vitesse, que par centième de tonne ou par 10 kilogrammes.

Ainsi, tout poids compris entre 0 et 10 kilogrammes payera comme 10 kilogrammes; entre 10 et 20 kilogrammes, comme 20 kilogrammes, etc.

Toutefois, pour les excédents de bagages et de marchandises à grande vitesse, les coupures seront établies : 1° de 0 à 5 kilogrammes; 2° au-dessus de 5 jusqu'à 10 kilogrammes; 3° au-dessus de 10 kilogrammes, par fraction indivisible de 10 kilogrammes.

Quelle que soit la distance parcourue, le prix d'une expédition quelconque, soit en grande, soit en petite vitesse, ne pourra être inférieur à *40 centimes*.

ART. 42.

A moins d'une autorisation spéciale et révocable du préfet, tout train régulier de voyageurs devra contenir des voitures ou compartiments de toutes classes en nombre suffisant pour toutes les personnes qui se présenteraient dans les bureaux du chemin de fer.

Composition des trains.

ART. 43.

Tout voyageur dont le bagage ne pèsera pas plus de *trente (30)* kilogrammes n'aura à payer, pour le port de ce bagage, aucun supplément du prix de sa place.

Cette franchise ne s'appliquera pas aux enfants transportés gratuitement et elle sera réduite à *vingt (20)* kilogrammes pour les enfants transportés à moitié prix.

Bagages.

ART. 44.

Les animaux, denrées, marchandises, effets et autres objets non désignés dans le tarif seront rangés, pour les droits à percevoir, dans les classes avec lesquelles ils auront le plus d'analogie, sans que jamais, sauf les exceptions formulées aux articles 45 et 46 ci-après, aucune marchandise non dénommée puisse être soumise à une taxe supérieure à celle de la première classe du tarif ci-dessus.

Les assimilations de classes pourront être provisoirement réglées par le concessionnaire; elles seront immédiatement affichées et soumises à l'Administration, qui prononcera définitivement.

Assimilation des classes de marchandises.

ART. 45.

Les droits de péage et les prix de transport déterminés au tarif ne sont point applicables à toute masse indivisible pesant plus de *trois mille* kilogrammes (*3,000ᵏ*).

Néanmoins le concessionnaire ne pourra se refuser à transporter les masses indivisibles pesant de *trois mille à cinq*

Transport de masses indivisibles.

13

mille kilogrammes, mais les droits de péage et les prix de transport seront augmentés de moitié.

Le concessionnaire ne pourra être contraint à transporter les masses pesant plus de *cinq mille* kilogrammes (*5,000ᵏ*).

Si, nonobstant la disposition qui précède, le concessionnaire transporte des masses indivisibles pesant plus de *cinq mille* kilogrammes (*5,000ᵏ*), il devra, pendant trois mois au moins, accorder les mêmes facilités à tous ceux qui en feraient la demande.

Dans ce cas, les prix de transport seront fixés par l'Administration, sur la proposition du concessionnaire.

ART. 46.

Exceptions; envoi par groupe.

Les prix de transport déterminés au tarif ne sont point applicables. :

1° Aux denrées et objets qui ne sont pas nommément énoncés dans le tarif et qui ne pèseraient pas deux cents kilogrammes sous le volume d'un mètre cube;

2° Aux matières inflammables ou explosibles, aux animaux et objets dangereux pour lesquels les règlements de police prescriraient des précautions spéciales;

3° Aux animaux dont la valeur déclarée excéderait cinq mille francs;

4° A l'or et à l'argent soit en lingots, soit monnayés ou travaillés, au plaqué d'or ou d'argent, au mercure et au platine, ainsi qu'aux bijoux, dentelles, pierres précieuses, objets d'art et autres valeurs;

5° Et, en général, à tous paquets, colis ou excédents de bagages pesant isolément *quarante* kilogrammes et au-dessous.

Toutefois les prix de transport déterminés au tarif sont applicables à tous paquets ou colis, quoique emballés à part, s'ils font partie d'envois pesant ensemble plus de *quarante* kilogrammes d'objets envoyés par une même personne à une même personne. Il en sera de même pour les excédents de bagages qui pèseraient ensemble ou isolément plus de *quarante* kilogrammes.

Le bénéfice de la disposition énoncée dans le paragraphe précédent, en ce qui concerne les paquets ou colis, ne peut être invoqué par les entrepreneurs de messageries et de roulage et autres intermédiaires de transport, à moins que les articles par eux envoyés ne soient réunis en un seul colis.

Dans les cinq cas ci-dessus spécifiés, les prix de transport seront arrêtés annuellement par le préfet, tant pour la grande que pour la petite vitesse, sur la proposition du concessionnaire.

En ce qui concerne les paquets ou colis mentionnés au paragraphe 5° ci-dessus, les prix de transport devront être calculés de telle manière qu'en aucun cas un de ces paquets ou colis ne puisse payer un prix plus élevé qu'un article de même nature pesant plus de *quarante* kilogrammes.

ART. 47.

Dans le cas où le concessionnaire jugerait convenable, soit pour le parcours total, soit pour les parcours partiels de la voie de fer, d'abaisser, avec ou sans conditions, au-dessous des limites déterminées par le tarif, les taxes qu'il est autorisé à percevoir, les taxes abaissées ne pourront être relevées qu'après un délai de trois mois au moins pour les voyageurs et d'un an pour les marchandises.

Abaissement des tarifs.

Toute modification de tarif proposée par le concessionnaire sera annoncée un mois d'avance par des affiches.

La perception des tarifs modifiés ne pourra avoir lieu qu'avec l'homologation du préfet ou du Ministre des travaux publics, suivant les distinctions établies par l'article 5 de la loi du 11 juin 1880 et conformément aux dispositions de l'ordonnance du 15 novembre 1846.

La perception des taxes devra se faire indistinctement et sans aucune faveur.

Tout traité particulier qui aurait pour effet d'accorder à un ou plusieurs expéditeurs une réduction sur les tarifs approuvés demeure formellement interdit.

13.

Toutefois cette disposition n'est pas applicable aux traités qui pourraient intervenir entre le Gouvernement et le concessionnaire dans l'intérêt des services publics, ni aux réductions ou remises qui seraient accordées par le concessionnaire aux indigents.

En cas d'abaissement des tarifs, la réduction portera proportionnellement sur le péage et le transport.

Art. 48.

Délais
d'expédition.

Le concessionnaire sera tenu d'effectuer constamment avec soin, exactitude et célérité, et sans tour de faveur, le transport des voyageurs, bestiaux, denrées, marchandises et objets quelconques qui lui seront confiés.

Les colis, bestiaux et objets quelconques seront inscrits, à la gare d'où ils partent et à la gare où ils arrivent, sur des registres spéciaux, au fur et à mesure de leur réception; mention sera faite, sur le registre de la gare de départ, du prix total dû pour leur transport.

Pour les marchandises ayant une même destination, les expéditions auront lieu suivant l'ordre de leur inscription à la gare de départ.

Toute expédition de marchandises sera constatée, si l'expéditeur le demande, par une lettre de voiture, dont un exemplaire restera aux mains du concessionnaire et l'autre aux mains de l'expéditeur. Dans le cas où l'expéditeur ne demanderait pas de lettre de voiture, le concessionnaire sera tenu de lui délivrer un récépissé qui énoncera la nature et le poids du colis, le prix total du transport et le délai dans lequel ce transport devra être effectué.

Art. 49.

Délais
de livraison.

Les animaux, denrées, marchandises et objets quelconques sont expédiés et livrés de gare en gare, dans les délais résultant des conditions ci-après exprimées :

1° Les animaux, denrées, marchandises et objets quelconques, à grande vitesse, seront expédiés par le premier train de voyageurs comprenant des voitures de toutes classes et correspondant avec leur destination, pourvu qu'ils aient été présentés à l'enregistrement trois heures avant le départ de ce train.

Ils seront mis à la disposition des destinataires, à la gare, dans le délai de deux heures après l'arrivée du même train.

2° Les animaux, denrées, marchandises et objets quelconques, à petite vitesse, seront expédiés dans le jour qui suivra celui de la remise.

Le maximum de durée du trajet sera fixé par le préfet, sur la proposition du concessionnaire.

Les colis seront mis à la disposition des destinataires dans le jour qui suivra celui de leur arrivée en gare.

Le délai total résultant des trois paragraphes ci-dessus sera seul obligatoire pour la compagnie.

Il pourra être établi un tarif réduit, approuvé par le préfet, pour tout expéditeur qui acceptera des délais plus longs que ceux déterminés ci-dessus pour la petite vitesse.

Pour le transport des marchandises, il pourra être établi, sur la proposition du concessionnaire, un délai moyen entre ceux de la grande et de la petite vitesse. Le prix correspondant à ce délai sera un prix intermédiaire entre ceux de la grande et de la petite vitesse.

Le préfet déterminera, par des règlements spéciaux, les heures d'ouverture et de fermeture des gares et stations, tant en hiver qu'en été, ainsi que les dispositions relatives aux denrées apportées par les trains de nuit et destinées à l'approvisionnement des marchés des villes.

Lorsque la marchandise devra passer d'une ligne sur une autre sans solution de continuité, les délais de livraison et d'expédition au point de jonction seront fixés par le préfet, sur la proposition du concessionnaire.

ART. 50.

Les frais accessoires non mentionnés dans les tarifs, tels que ceux d'enregistrement, de chargement, de décharge-

Frais accessoires.

ment et de magasinage dans les gares et magasins du chemin de fer, seront fixés annuellement par le préfet, sur la proposition du concessionnaire. Il en sera de même des frais de transbordement qui seront faits dans les gares de raccordement de la ligne concédée avec une ligne présentant une largeur de voie différente.

ART. 51.

Camionnage.

Le concessionnaire sera tenu de faire, soit par lui-même, soit par un intermédiaire dont il répondra, le factage et le camionnage pour la remise au domicile des destinataires de toutes les marchandises qui lui sont confiées.

Le factage et le camionnage ne seront point obligatoires en dehors du rayon de l'octroi, non plus que pour les gares qui desserviraient, soit une population agglomérée de moins de *cinq mille* habitants, soit un centre de population de *cinq mille* habitants situé à plus de *cinq* kilomètres de la gare du chemin de fer.

Les tarifs à percevoir seront fixés par le préfet, sur la proposition du concessionnaire. Ils seront applicables à tout le monde sans distinction.

Toutefois les expéditeurs et destinataires resteront libres de faire eux-mêmes et à leurs frais le factage et le camionnage des marchandises.

ART. 52.

Traités
particuliers.

A moins d'une autorisation spéciale du préfet, il est interdit au concessionnaire, conformément à l'article 14 de la loi du 15 juillet 1845, de faire directement ou indirectement avec des entreprises de transport de voyageurs ou de marchandises par terre ou par eau, sous quelque dénomination ou forme que ce puisse être, des arrangements qui ne seraient pas consentis en faveur de toutes les entreprises desservant les mêmes voies de communication.

Le préfet, agissant en vertu de l'article 50 de l'ordonnance du 15 novembre 1846, prescrira les mesures à prendre pour assurer la plus complète égalité entre les diverses entreprises de transport dans leurs rapports avec le chemin de fer.

TITRE V.

STIPULATIONS RELATIVES À DIVERS SERVICES PUBLICS.

ART. 53.

Les fonctionnaires ou agents chargés de l'inspection, du contrôle et de la surveillance du chemin de fer seront transportés gratuitement dans les voitures de voyageurs.

La même faculté sera accordée aux agents des contributions indirectes et des douanes, chargés de la surveillance du chemin de fer dans l'intérêt de la perception de l'impôt.

Fonctionnaires ou agents du contrôle et de la surveillance.

ART. 54.

Dans le cas où le Gouvernement aurait besoin de diriger des troupes et un matériel militaire ou naval sur l'un des points desservis par le chemin de fer, le concessionnaire sera tenu de mettre immédiatement à sa disposition tous ses moyens de transport.

Le prix du transport qui sera opéré dans ces conditions, ainsi que le prix du transport des militaires ou marins voyageant soit en corps, soit isolément pour cause de service, envoyés en congé limité ou en permission, ou rentrant dans leurs foyers après libération, sera payé conformément aux tarifs homologués.

Dans le cas où l'État s'engagerait à fournir une subvention par annuités au concessionnaire, le prix de ces transports sera fixé à la moitié des mêmes tarifs.

Militaires et marins.

ART. 55.

Le concessionnaire sera tenu, à toute réquisition, de mettre à la disposition de l'Administration un ou plusieurs compartiments de deuxième classe à deux banquettes, ou

Transports des prisonniers.

un espace équivalent, pour le transport des prévenus, accusés ou condamnés, et de leurs gardiens.

Il en sera de même pour le transport des jeunes délinquants recueillis par l'Administration pour être transférés dans des établissements d'éducation.

L'Administration pourra, en outre, requérir l'introduction, dans les convois ordinaires, de voitures cellulaires lui appartenant, à condition que les dimensions et le poids par essieu de ces voitures ne dépassent pas les dimensions et le poids à pleine charge du modèle le plus grand et le plus lourd qui sera affecté au service régulier du chemin de fer.

Le prix de ces transports sera réglé dans les conditions indiquées à l'article précédent.

ART. 56.

Service des postes et télégraphes.

Le concessionnaire sera tenu de réserver, dans chacun des trains circulant aux heures ordinaires de l'exploitation, un compartiment spécial de la deuxième classe, ou un espace équivalent, pour recevoir les lettres, les dépêches, ainsi que les agents du service des postes. L'espace réservé devra être fermé, éclairé et situé à l'étage inférieur des voitures.

L'Administration des postes aura le droit de fixer à une voiture déterminée de chaque convoi une boîte aux lettres dont elle fera opérer la pose et la levée par ses agents.

Elle pourra installer à ses frais, risques et périls, et sous sa responsabilité, des appareils spéciaux pour l'échange des dépêches, sans arrêt des trains.

L'Administration des postes pourra aussi: 1° requérir un second compartiment dans les conditions indiquées au paragraphe 1er; 2° requérir l'introduction de voitures spéciales lui appartenant dans les convois ordinaires du chemin de fer, à condition que les dimensions et le poids par essieu de ces voitures ne dépassent pas les dimensions et le poids à pleine charge du modèle le plus grand et le plus lourd qui sera affecté au service régulier du chemin de fer.

Les prix des transports qui pourront être requis dans les conditions ci-dessus seront payés par l'Administration des postes conformément aux tarifs homologués, sauf dans le cas où l'État se serait engagé à fournir au concessionnaire une subvention par annuités. Dans ce cas, la mise à la disposition du service des postes d'un compartiment, en conformité du paragraphe 1ᵉʳ du présent article, sera effectuée gratuitement. Le prix de tous autres transports faits par le concessionnaire sur la réquisition de l'Administration des postes est, dès à présent, fixé à la moitié des tarifs homologués.

Les agents des postes et des télégraphes en service ne seront également assujettis qu'à la moitié de la taxe dans le cas où la ligne serait subventionnée par le Trésor.

Dans le même cas, les matériaux nécessaires à l'établissement ou à l'entretien des lignes télégraphiques seront transportés à moitié prix des tarifs homologués.

L'Administration des postes pourra enfin exiger, le concessionnaire et le *département* entendus, et après s'être mise d'accord avec le Ministre des travaux publics, qu'un train spécial dans chaque sens soit ajouté au service ordinaire. Dans ce cas, que le chemin de fer soit subventionné ou non, le montant intégral des dépenses supplémentaires de toute nature que ce service spécial aura imposées au concessionnaire, déduction faite des produits qu'il aura pu en retirer, lui sera payé par l'Administration des postes suivant le règlement qui en sera fait de gré à gré ou par deux arbitres. En cas de désaccord des arbitres, un tiers arbitre sera désigné par le conseil de préfecture.

Les employés chargés de la surveillance du service des postes, les agents préposés à l'échange ou à l'entrepôt des dépêches et à la levée des boîtes, auront accès dans les gares ou stations pour l'exécution de leur service, en se conformant aux règlements de police intérieure du chemin de fer.

Si le service des postes exige des bureaux d'entrepôt de

dépêches dans les gares et stations, le concessionnaire sera tenu de lui fournir l'emplacement nécessaire; cet emplacement sera déterminé sous l'approbation du Ministre des travaux publics. L'Administration des postes en payera le loyer dans le cas où le chemin de fer ne serait pas subventionné par l'État.

Lorsque le concessionnaire voudra changer les heures de départ des convois ordinaires, il sera tenu, dans tous les cas, d'avertir l'Administration des postes quinze jours à l'avance.

ART. 57.

(Modifié par le décret du 13 février 1900.)

Lignes
télégraphiques
et téléphoniques.

Le concessionnaire sera tenu d'établir à ses frais, s'il en est requis par le Ministre des travaux publics, les lignes et appareils télégraphiques ou téléphoniques destinés à transmettre les signaux nécessaires pour la sûreté et la régularité de son exploitation. Il devra toutefois, avant l'établissement des lignes, se pourvoir de l'autorisation du Ministre des postes et des télégraphes.

Il pourra, avec l'autorisation du Ministre des postes et des télégraphes, se servir des poteaux de la ligne télégraphique ou téléphonique de l'État, sur les points où une ligne semblable existe le long de la voie; il ne pourra s'opposer à ce que l'État se serve des poteaux qu'il aura établis, afin d'y accrocher ses propres fils.

Le concessionnaire est tenu de se soumettre à tous les règlements d'administration publique concernant l'établissement et l'emploi des appareils télégraphiques ou téléphoniques, ainsi que l'organisation à ses frais du contrôle de ce service par les agents de l'État.

Les agents des postes et des télégraphes voyageant pour le contrôle du service de la ligne électrique du chemin de fer ou du service postal exécuté sur cette ligne auront le droit de circuler gratuitement dans les voitures du concessionnaire, sur le vu de cartes personnelles qui leur seront délivrées.

Dans le cas où l'État s'engagerait à fournir au concessionnaire une subvention par annuités, la même gratuité s'appliquerait aux agents voyageant pour la construction ou l'entretien des lignes télégraphiques ou téléphoniques établies le long de la voie ferrée.

Le Gouvernement aura la faculté de faire le long des voies toutes les constructions, de poser tous les appareils nécessaires à l'établissement d'une ou de plusieurs lignes télégraphiques ou téléphoniques, sans nuire au service du chemin de fer. Il pourra aussi déposer sur les terrains dépendant du chemin de fer le matériel nécessaire à ces lignes; mais il devra le retirer dans le cas où il serait reconnu par le préfet que le concessionnaire a besoin de ces terrains pour le service du chemin de fer.

Sur la demande du Ministre des postes et des télégraphes, il sera réservé, dans les gares des villes et des localités qui seront désignées ultérieurement, le terrain nécessaire à l'établissement des maisonnettes destinées à recevoir le bureau télégraphique ou téléphonique et son matériel.

Le concessionnaire sera tenu de faire garder par ses agents ordinaires les fils des lignes télégraphiques ou téléphoniques, de donner aux employés des télégraphes connaissance de tous les accidents qui pourraient survenir et de leur en faire connaître les causes.

En cas de rupture de fils télégraphiques ou téléphoniques, les employés du concessionnaire auront à raccrocher provisoirement les bouts séparés, d'après les instructions qui leur seront données à cet effet.

En cas de rupture de fils télégraphiques ou téléphoniques ou d'accidents graves, une locomotive sera mise immédiatement à la disposition de l'inspecteur-ingénieur de la ligne télégraphique, pour le transporter sur le lieu de l'accident avec les hommes et les matériaux nécessaires à la réparation. Ce transport devra être effectué dans des conditions telles qu'il ne puisse entraver en rien la circulation publique.

Il sera alloué au concessionnaire une indemnité de cinquante centimes par kilomètre parcouru par la machine, quand le dommage ne proviendra pas du fait du concessionnaire ou de ses agents.

Dans le cas où des déplacements de fils, appareils ou poteaux deviendraient nécessaires par suite de travaux exécutés sur le chemin, ces déplacements auraient lieu aux frais du concessionnaire, par les soins de l'Administration des lignes télégraphiques.

Le concessionnaire ne pourra se refuser à recevoir et à transmettre les télégrammes officiels par ses fils et appareils, et dans des conditions qui seront déterminées par le Ministre des postes et des télégraphes.

Dans le cas où le Ministre des postes et des télégraphes jugera utile d'ouvrir au service privé certaines gares de la ligne, il devra s'entendre avec le concessionnaire pour régler les conditions et le prix de ce service.

Les fonctionnaires, agents et ouvriers commissionnés, chargés de la construction, de la surveillance et de l'entretien des lignes télégraphiques ou téléphoniques, ont accès dans les gares et stations et sur la voie ferrée et ses dépendances, pour l'exécution de leur service, en se conformant aux règlements de police intérieure.

TITRE VI.

CLAUSES DIVERSES.

Art. 58.

Construction de nouvelles voies de communication.

Dans le cas où le Gouvernement, le département ou les communes ordonneraient ou autoriseraient la construction de routes nationales, départementales ou vicinales, de chemins de fer ou de canaux qui traverseraient la ligne objet de la présente concession, le concessionnaire ne pourra s'opposer à ces travaux; mais toutes les dispositions nécessaires seront prises pour qu'il n'en résulte aucun obstacle à la construction ou au service du chemin de fer, ni aucun frais pour le concessionnaire.

ART. 59.

Toute exécution ou autorisation ultérieure de route, de canal, de chemin de fer, de travaux de navigation dans la contrée où est situé le chemin de fer objet de la présente concession, ou dans toute autre contrée voisine ou éloignée, ne pourra donner ouverture à aucune demande d'indemnité de la part du concessionnaire.

Concessions ultérieures de nouvelles lignes.

ART. 60.

(Modifié par le décret du 13 février 1900.)

Le Gouvernement, le département et les communes auront le droit de concéder de nouveaux chemins de fer s'embranchant sur le chemin qui fait l'objet du présent cahier des charges, ou qui seraient établis en prolongement du même chemin.

Concessions de chemins de fer d'embranchement et de prolongement.

Le concessionnaire ne pourra mettre aucun obstacle à ces embranchements, ni réclamer, à l'occasion de leur établissement, une indemnité quelconque, pourvu qu'il n'en résulte aucun obstacle à la circulation, ni aucun frais particulier pour le concessionnaire.

Les concessionnaires de chemins de fer d'embranchement ou de prolongement auront la faculté, moyennant les tarifs ci-dessus déterminés et l'observation du paragraphe 1er de l'article 31, ainsi que des règlements de police et de service établis ou à établir, de faire circuler leurs voitures, wagons et machines sur le chemin objet de la présente concession, pour lequel cette faculté sera réciproque à l'égard desdits embranchements et prolongements.

Dans ce cas, lesdits concessionnaires ne payeront le prix du péage que pour le nombre de kilomètres réellement parcourus, un kilomètre entamé étant d'ailleurs considéré comme parcouru.

Dans le cas où les divers concessionnaires ne pourraient s'entendre sur l'exercice de cette faculté, le Ministre des travaux publics statuerait sur les difficultés qui s'élèveraient entre eux à cet égard.

Le concessionnaire ne pourra toutefois être tenu à admettre sur ses rails un matériel dont le poids serait hors de proportion avec les éléments constitutifs de ses voies.

Dans le cas où un concessionnaire d'embranchement ou de prolongement joignant la ligne qui fait l'objet de la présente concession n'userait pas de la faculté de circuler sur cette ligne, comme aussi dans le cas où le concessionnaire de cette dernière ligne ne voudrait pas circuler sur les prolongements et embranchements, les concessionnaires seraient tenus de s'arranger entre eux de manière que le service de transport ne soit jamais interrompu aux points de jonction des diverses lignes.

Celui des concessionnaires qui se servira d'un matériel qui ne serait pas sa propriété payera une indemnité en rapport avec l'usage et la détérioration de ce matériel. Dans le cas où les concessionnaires ne se mettraient pas d'accord sur la quotité de l'indemnité ou sur les moyens d'assurer la continuation du service sur toutes les lignes, l'Administration y pourvoirait d'office et prescrirait toutes les mesures nécessaires.

Gares communes. Le concessionnaire sera tenu, si l'autorité compétente le juge convenable, de partager l'usage des stations établies à l'origine des chemins de fer d'embranchement avec les compagnies qui deviendraient ultérieurement concessionnaires desdits chemins.

Il sera fait un partage équitable des frais communs résultant de l'usage desdites gares et les redevances à payer par les compagnies nouvelles seront, en cas de dissentiment, réglées par voie d'arbitrage.

En cas de désaccord sur le principe ou l'exercice de l'usage commun des gares, il sera statué, le concessionnaire entendu, savoir :

Par le préfet, si les deux chemins sont d'intérêt local et situés dans le même département;

Par le Ministre, si les deux lignes ne sont pas situées dans le même département, ou si l'un des deux chemins est d'intérêt général.

Le concessionnaire se conformera aux mesures qui pourront lui être prescrites par l'Administration en vue d'établir des moyens de transbordement commodes pour les marchandises dans toutes les gares de raccordement avec une autre voie ferrée et en vue d'éviter, autant que possible, un parcours trop long aux voyageurs et aux marchandises devant passer d'une voie à l'autre.

ART. 61.

(Modifié par le décret du 31 juillet 1898.)

Le concessionnaire sera tenu de s'entendre avec tout propriétaire de carrières, de mines ou d'usines, avec tout propriétaire ou concessionnaire de magasins généraux et avec tout concessionnaire de l'outillage des ports maritimes ou de navigation intérieure, qui, offrant de se soumettre aux conditions prescrites ci-après, demanderaient un embranchement; à défaut d'accord, le préfet statuera sur la demande, le concessionnaire entendu.

Embranchements industriels.

Les embranchements seront construits aux frais des propriétaires de carrières, de mines et d'usines, des propriétaires ou concessionnaires de magasins généraux ou des concessionnaires de l'outillage des ports maritimes ou de navigation intérieure, et de manière qu'il ne résulte de leur établissement aucune entrave à la circulation générale, aucune cause d'avarie pour le matériel, ni aucun frais particulier pour la compagnie.

Leur entretien devra être fait avec soin et aux frais de leurs propriétaires et sous le contrôle du préfet. Le concessionnaire aura le droit de faire surveiller par ses agents cet entretien, ainsi que l'emploi de son matériel sur les embranchements.

Le préfet pourra, à toutes époques, prescrire les modifications qui seraient jugées utiles dans la soudure, le tracé ou l'établissement de la voie desdits embranchements, et les changements seront opérés aux frais des propriétaires.

Le préfet pourra même, après avoir entendu les propriétaires, ordonner l'enlèvement temporaire des aiguilles de soudure, dans le cas où les établissements embranchés viendraient à suspendre en tout ou en partie leurs transports.

Le concessionnaire sera tenu d'envoyer ses wagons sur tous les embranchements autorisés destinés à faire communiquer des établissements de carrières, de mines ou d'usines, de magasins généraux ou d'outillage des ports maritimes ou de navigation intérieure, avec la ligne principale du chemin de fer.

Le concessionnaire amènera ses wagons à l'entrée des embranchements.

Les expéditeurs ou destinataires feront conduire les wagons dans leurs établissements, pour les charger ou décharger, et les ramèneront au point de jonction avec la ligne principale, le tout à leurs frais.

Les wagons ne pourront d'ailleurs être employés qu'au transport d'objets et marchandises destinés à la ligne principale du chemin de fer.

Le temps pendant lequel les wagons séjourneront sur les embranchements particuliers ne pourra excéder six heures, lorsque l'embranchement n'aura pas plus d'un kilomètre. Ce temps sera augmenté d'une demi-heure par kilomètre en sus du premier, non compris les heures de la nuit, depuis le coucher jusqu'au lever du soleil.

Dans le cas où les limites de temps seraient dépassées, nonobstant l'avertissement spécial donné par le concessionnaire, il pourra exiger une indemnité égale à la valeur du droit de loyer des wagons, pour chaque période de retard après l'avertissement.

Les dépenses qui résulteront des mesures prescrites, s'il y a lieu, par le préfet statuant sur l'avis du service du contrôle, pour la surveillance et le gardiennage des aiguilles et des barrières d'embranchement industriel, seront à la charge des propriétaires des embranchements; mais les gardiens seront nommés et payés par le concessionnaire.

En cas de difficulté, il sera statué par l'Administration, le concessionnaire entendu.

Les propriétaires d'embranchements seront responsables des avaries que le matériel pourrait éprouver pendant son parcours ou son séjour sur ces lignes.

Dans le cas d'inexécution d'une ou de plusieurs des conditions énoncées ci-dessus, le préfet pourra, sur la plainte du concessionnaire et après avoir entendu le propriétaire de l'embranchement, ordonner par un arrêté la suspension du service et faire supprimer la soudure, sauf recours à l'Administration supérieure et sans préjudice de tous dommages-intérêts que le concessionnaire serait en droit de répéter pour la non-exécution de ces conditions.

Pour indemniser le concessionnaire de la fourniture et de l'envoi de son matériel sur les embranchements, il est autorisé à percevoir un prix fixe de *douze centimes* ($0^f 12^c$) par tonne pour le premier kilomètre et, en outre, *quatre centimes* ($0^f 04^c$) par tonne et par kilomètre en sus du premier, lorsque la longueur de l'embranchement excédera un kilomètre.

Tarifs à percevoir pour le matériel prêté.

Tout kilomètre entamé sera payé comme s'il avait été parcouru en entier.

15

Le chargement et le déchargement sur les embranchements s'opéreront aux frais des expéditeurs ou destinataires, soit qu'ils les fassent eux-mêmes, soit que la compagnie du chemin de fer consente à les opérer.

Dans ce dernier cas, ces frais seront l'objet d'un règlement arrêté par le préfet, sur la proposition du concessionnaire.

Tout wagon envoyé par le concessionnaire sur un embranchement devra être payé comme wagon complet, lors même qu'il ne serait pas complètement chargé.

La surcharge, s'il y en a, sera payée au prix du tarif légal et au prorata du poids réel. Le concessionnaire sera en droit de refuser les chargements qui dépasseraient le maximum de *trois mille cinq cents* kilogrammes, déterminé en raison des dimensions actuelles des wagons.

Le maximum sera revisé par le préfet, de manière à être toujours en rapport avec la capacité des wagons.

Les wagons seront pesés à la station d'arrivée par les soins et aux frais du concessionnaire.

ART. 62.

Contribution foncière.

La contribution foncière sera établie en raison de la surface des terrains occupés par le chemin de fer et ses dépendances; la cote en sera calculée, comme pour les canaux, conformément à la loi du 25 avril 1803.

Les bâtiments et magasins dépendant de l'exploitation du chemin de fer seront assimilés aux propriétés bâties de la localité. Toutes les contributions auxquelles ces édifices pourront être soumis seront, aussi bien que la contribution foncière, à la charge du concessionnaire.

ART. 63.

Agents du concessionnaire.

Les agents et gardes que le concessionnaire établira, soit pour la réception des droits, soit pour la surveillance et la police du chemin de fer et de ses dépendances, pourront être assermentés et seront, dans ce cas, assimilés aux gardes champêtres.

ART. 64.

Il pourra être institué près du concessionnaire un ou plusieurs commissaires chargés d'exercer une surveillance spéciale sur tout ce qui ne rentre pas dans les attributions des agents du contrôle.

Inspecteurs spéciaux.

ART. 65.

Les frais de visite, de surveillance et de réception des travaux et les frais de contrôle de l'exploitation seront supportés par le concessionnaire.

Frais de contrôle.

Afin de pourvoir à ces frais, le concessionnaire sera tenu de verser chaque année, à la caisse centrale du trésorier-payeur général du département, une somme de
            francs par chaque kilomètre de chemin de fer concédé (1).

Si le concessionnaire ne verse pas la somme ci-dessus réglée aux époques qui auront été fixées, le préfet rendra un rôle exécutoire et le montant en sera recouvré comme en matière de contributions directes, au profit du *département*.

ART. 66.

Avant la signature de l'acte de concession, le concessionnaire déposera à la Caisse des dépôts et consignations une somme de
en numéraire ou en rentes sur l'État, calculées conformément au décret du 31 janvier 1872, ou en bons du Trésor, avec transfert, au profit de ladite caisse, de celles de ces valeurs qui seraient nominatives ou à ordre.

Cautionnement.

---

(1) Les frais de contrôle ont été fixés, dans plusieurs concessions déjà données, à la somme annuelle de cinquante francs (50f) par kilomètre, payables à compter de la date du décret de concession, tant pour la période de construction que pour la période d'exploitation.

Cette somme formera le cautionnement de l'entreprise.

Les *quatre cinquièmes* en seront rendus au concessionnaire par *cinquième* et proportionnellement à l'avancement des travaux. Le dernier *cinquième* ne sera remboursé qu'après l'expiration de la concession.

ART. 67.

Élection de domicile.

Le concessionnaire devra faire élection de domicile à

Dans le cas où il ne l'aurait pas fait, toute notification ou signification à lui adressée sera valable lorsqu'elle sera faite au secrétariat général de la préfecture de   .

ART. 68.

Jugement des contestations.

Les contestations qui s'élèveraient entre le concessionnaire et l'Administration, au sujet de l'exécution et de l'interprétation des clauses du présent cahier des charges, seront jugés administrativement par le conseil de préfecture du département d   , sauf recours au Conseil d'État.

ART. 69.

Frais d'enregistrement.

Les frais d'enregistrement du présent cahier des charges et de la convention ci-annexée seront supportés par le concessionnaire.

CAHIER DES CHARGES TYPE [1]

POUR LA CONCESSION

DES TRAMWAYS [2].

TITRE PREMIER.

TRACÉ ET CONSTRUCTION.

ARTICLE PREMIER.

Le *réseau* (3) de tramways qui fait l'objet du présent

Objet
de la concession.

---

(1) *Ce cahier des charges a été approuvé par le décret du 6 août 1881, ainsi conçu :*

LE PRÉSIDENT DE LA RÉPUBLIQUE FRANÇAISE,

Sur le rapport du Ministre des travaux publics,

Vu l'article 30 de la loi du 11 juin 1880, aux termes duquel un cahier des charges type pour la concession des tramways doit être approuvé par le Conseil d'État;

Vu l'instruction à laquelle a donné lieu la préparation de ce cahier des charges type, notamment les avis du Conseil général des ponts et chaussées, en date des 20 janvier et 7 juillet 1881 ;

Le Conseil d'État entendu,

DÉCRÈTE :

ARTICLE PREMIER.

Est approuvé le cahier des charges type ci-annexé, dressé, en exécution de l'article 30 de la loi du 11 juin 1880, pour la concession des tramways.

ART. 2.

Le Ministre des travaux publics est chargé de l'exécution du présent décret.

Il a été ensuite modifié par le décret du 13 février 1900, en ce qui concerne la note relative au titre, en ce qui concerne les articles 4, 5, 6, 7, 8, 11, 12, 15, 17 et 23 et en ce qui concerne les articles 38 et 39 auxquels une note a été ajoutée.

Le texte ci-après tient compte de ces modifications.

(2 et 3) *Voir le texte des notes (2) et (3) à la page 118.*

cahier des charges est destiné *au transport des voyageurs et des marchandises* (4).

La traction aura lieu *par chevaux* (5).

ART. 2.

Tracé.

Ce réseau comprendra les lignes suivantes (6) et empruntera les voies publiques ci-après désignées (7) :

ART. 3.

Délais
d'exécution.

Les projets d'exécution seront présentés dans un délai de   à partir de la date du décret déclaratif d'utilité publique.

Les travaux devront être commencés dans un délai de   à partir de la même date. Ils seront poursuii s et terminés de telle façon que *la section de*

---

(2) (*Note modifiée par le décret du 13 février 1900.*)

La présente formule type de cahier des charges est rédigée dans l'hypothèse d'une concession conférée par l'État à un *département*. Ces mots seront modifiés partout où ils seront écrits en *italique*, suivant que l'on se trouvera dans l'un ou l'autre des cas prévus par les articles 27 et 28 de la loi du 11 juin 1880.

On a aussi écrit en *italique* les autres mots et chiffres qui peuvent être modifiés suivant les circonstances.

Les dispositions ci-après s'appliquent spécialement aux voies ferrées empruntant le sol des voies publiques sur toute l'étendue de leur tracé. Quand le tramway projeté comportera des parties établies en rase campagne et sur plate-forme indépendante, il y aura lieu d'y ajouter ceux des articles du cahier des charges-type des chemins de fer d'intérêt local qui seraient utiles dans l'espèce, en leur donnant des numéros *bis* pour ne pas changer le numérotage des autres articles.

(3) Ou *la ligne.*

(4) Ou *au service exclusif des voyageurs.*

(5) Ou *par locomotives à vapeur ou par moteur mécanique de tout autre système.*

(6) Ou *la ligne partira de* . . . .

(7 Indiquer les déviations, s'il y a lieu.

à   soit livrée à l'exploitation le   , *la*
section de   à   le
et le *réseau* entier le

ART. 4.

(Modifié par le décret du 13 février 1900.)

La largeur de la voie entre les bords intérieurs des rails devra être de (1)

La largeur des caisses des véhicules ainsi que de leur chargement ne dépassera pas (2) et celle du matériel roulant, y compris toutes saillies, notamment celle des marchepieds latéraux, ne dépassera pas (2) . La hauteur du matériel roulant au-dessus des rails, y compris toutes saillies, sera au plus de (3) pour les locomotives et de (3) pour les autres véhicules et leur chargement.

Largeur de la voie.
Gabarit
du
matériel roulant.

(1) 1 m. 44, 1 mètre (1 m. 055 pour certaines parties de l'Algérie), 0 m. 80, 0 m. 75 ou 0 m. 60.

(2) Largeurs à déterminer dans chaque cas particulier.
Pour la voie de 1 m. 44, on se basera sur les dimensions admises pour le matériel roulant des lignes d'intérêt général dans la même région, sans dépasser le maximum de 3 m. 20.
Pour les autres largeurs de voie, on se renfermera dans les maxima ci-après :

DÉSIGNATION.	VOIE			
	DE 1ᵐ 055 et 1ᵐ 00.	DE 0ᵐ 80.	DE 0ᵐ 75.	DE 0ᵐ 60.
Largeur du matériel, des véhicules et de leur chargement...................	2ᵐ 50	2ᵐ 10	2ᵐ 00	1ᵐ 80
Largeur du matériel roulant, toutes saillies comprises......................	2ᵐ 80	2ᵐ 40	2ᵐ 30	2ᵐ 10

(3) Pour la voie de 1 m. 44 : 4 m. 20.
Pour les autres largeurs de voie, on ne devra pas dépasser les chiffres ci-après :

DÉSIGNATION.	VOIE			
	DE 1ᵐ 055 et 1ᵐ 00.	DE 0ᵐ 80.	DE 0ᵐ 75.	DE 0ᵐ 60.
Hauteur des locomotives.................	3ᵐ 50	3	3ᵐ 20	3ᵐ 00
Hauteur des autres véhicules et de leur chargement.......................	3ᵐ 30	2ᵐ 90	2 70	2ᵐ 40

Ces maxima serviront à fixer la hauteur des ouvrages d'art qui seront établis au-dessus de la voie.

Dans les parties à deux voies, la largeur de l'entrevoie, mesurée entre les bords extérieurs des rails, sera de (1)   .

ART. 5.

(Modifié par le décret du 13 février 1900.)

Alignements et courbes. Pentes et rampes.

Les alignements seront raccordés entre eux par des courbes dont le rayon ne pourra être inférieur à (2)   .

Le maximum des déclivités est fixé à (3)   millimètres par mètre.

Les déclivités correspondant aux courbes de faible rayon devront être réduites autant que faire se pourra.

Le concessionnaire aura la faculté, dans des cas exceptionnels, de proposer aux dispositions du présent article les modifications qui lui paraîtraient utiles; mais ces modifications ne pourront être exécutées que moyennant l'approbation préalable de l'autorité compétente pour approuver les projets d'exécution.

---

(1) La largeur de l'entrevoie sera réglée de telle façon qu'entre les parties les plus saillantes de deux véhicules qui se croisent, il y ait un intervalle libre d'au moins 50 centimètres.

(2) En général, à moins de circonstances exceptionnelles dont il devra être justifié et s'il s'agit de lignes à traction mécanique :
40 mètres pour les voies de 1 m. 44, 1 m. 055 et 1 mètre.
30 mètres pour les voies de 80 centimètres, 75 centimètres et 60 centimètres.
S'il s'agit de lignes à traction de chevaux :
20 mètres pour les voies de 1 m. 44, 1 m. 055 et 1 mètre.
15 mètres pour les voies de 80 centimètres, 75 centimètres et 60 centimètres.

(3) A fixer pour chaque cas particulier et de façon à satisfaire, s'il y a lieu, aux obligations imposées par l'article 33 du règlement d'administration publique sur les lignes de tramway à traction mécanique.

Art. 6.

(Modifié par le décret du 13 février 1900.)

Dans les sections où le tramway sera établi sur une partie de la voie publique accessible à la circulation ordinaire, les voies de fer seront posées au niveau du sol, sans saillie ni dépression, suivant le profil normal de la voie publique et sans altération de ce profil, soit dans le sens transversal, soit dans le sens longitudinal, à moins d'une autorisation spéciale du préfet. Les rails seront compris dans un (1) de (2) d'épaisseur, qui règnera dans l'entre-rails et à (3) au moins de chaque côté, conformément aux dispositions prescrites par le préfet, sur la proposition du concessionnaire, qui restera chargé d'établir à ses frais ce (1) .

La chaussée (4) de la voie publique sera d'ailleurs conservée ou établie avec des dimensions telles qu'en dehors de l'espace occupé par le matériel du tramway (toutes saillies comprises), il reste une largeur libre de chaussée d'au moins deux mètres soixante centimètres ($2^m,60$), permettant à une voiture ordinaire de se ranger pour laisser passer le matériel du tramway avec le jeu nécessaire.

Cette chaussée sera accompagnée d'un accotement ou d'un trottoir de (5) au moins. Le concessionnaire construira en outre, suivant les dispositions qui lui seront indiquées avant la réception générale de la voie ferrée, des gares pour les dépôts de matériaux d'entretien de la voie publique ; la

Établissement de la voie ferrée. Parties accessibles aux voitures ordinaires.

---

(1) *Pavage* ou *empierrement,* suivant la nature de la chaussée dont il s'agit, sa fréquentation, sa situation en rase campagne ou en traverse, etc.

(2) Épaisseur à déterminer dans chaque cas particulier, suivant la nature de la chaussée.

(3) Largeur à déterminer dans chaque cas particulier.

(4) *Pavée* ou *empierrée.*

(5) Minimum à fixer au besoin pour chacune des voies publiques suivies par le tramway, en vue d'assurer la sécurité de la circulation des piétons.

profondeur de ces gares, mesurée à partir de l'arête extrême de l'accotement, sera de (1)   au minimum.

Un intervalle libre d'au moins un mètre quarante centimètres (1 m. 40) de largeur sera réservé, d'autre part, entre le matériel de la voie ferrée (toutes saillies comprises) et les limites des propriétés riveraines ou des alignements approuvés, s'ils passent en avant de ces propriétés.

La voie ferrée sera établie de telle sorte que la verticale des parties les plus saillantes du matériel roulant ne dépasse pas l'arête extérieure de l'accotement. Dans les parties où la voie sera établie soit sur le bord d'un remblai de plus de cinquante centimètres (0^m,50) de hauteur, soit le long d'un talus de déblai ou d'un obstacle continu dépassant le niveau des marchepieds, il sera ménagé un espace libre d'au moins soixante-quinze centimètres (0^m,75) de largeur entre la partie la plus saillante du matériel roulant et la crête du remblai, le pied du déblai ou l'obstacle continu. Pour les obstacles isolés, cet intervalle sera réduit à soixante centimètres (0^m,60).

ART. 7.
(Modifié par le décret du 13 février 1900.)

Établissement de la voie ferrée. Parties non accessibles aux voitures ordinaires.

Si la voie ferrée est établie sur un accotement interdit aux voitures ordinaires, elle reposera sur une couche de ballast de (2)   de largeur et d'au moins (3)   d'épaisseur totale, qui sera arasée de niveau avec la surface de l'accotement relevé en forme de trottoir.

---

(1) Dimension à fixer d'après les circonstances locales, si la voie publique n'est pas assez large pour le dépôt des matériaux qui trouvaient place auparavant sur l'espace occupé par la voie ferrée.

(2) Largeur généralement égale à la largeur de la voie augmentée d'au moins 80 centimètres.

(3) Il conviendra de déterminer l'épaisseur totale du ballast, de manière qu'il existe au moins une épaisseur du ballast de 15 centimètres sous les traverses, sans que la différence du niveau entre le dessus du rail et la plate-forme puisse être inférieure à 30 centimètres.

La partie de la voie publique qui restera réservée à la circulation des voitures ordinaires et des piétons présentera une largeur minimum de (1)   , cette largeur minimum étant mesurée en dehors de l'accotement occupé par la voie ferrée et en dehors des emplacements qui seront affectés au dépôt des matériaux d'entretien de la route.

L'autorité compétente pour statuer sur les projets d'exécution pourra exiger que l'emplacement occupé par la voie ferrée soit limité du côté de la chaussée de la voie publique au moyen d'une bordure d'au moins (2)   de saillie en (3)   d'une solidité suffisante. Elle pourra également prescrire dans les parties de routes ou de chemins dont la déclivité dépassera trois centimètres ($0^m,03$) par mètre l'établissement d'un demi-caniveau pavé le long des bordures en pierre. Un intervalle libre de trente centimètres ($0^m,30$) au moins sera réservé entre la verticale de l'arête de cette bordure et la partie la plus saillante du matériel de la voie ferrée; un autre intervalle libre d'un mètre quarante centimètres ($1^m,40$) subsistera entre le matériel roulant (toutes saillies comprises) et les limites des propriétés riveraines ou des alignements approuvés, s'ils passent en avant de ces propriétés.

La voie ferrée sera établie de telle sorte que la verticale des parties les plus saillantes du matériel roulant ne dépasse pas l'arête extérieure de l'accotement. Dans les parties où la voie sera établie soit sur le bord d'un remblai de plus de cinquante centimètres ($0^m,50$) de hauteur, soit le long d'un talus de déblai ou d'un obstacle continu dépassant le niveau des marchepieds, il sera ménagé un espace libre d'au moins soixante-quinze centimètres ($0^m,75$) de largeur entre la partie la plus saillante du matériel roulant et la limite extérieure du remblai, du déblai ou de l'obstacle continu. Pour les obs-

---

(1) Largeur à déterminer d'après les circonstances locales, en vue d'assurer la sécurité de la circulation des voitures et des piétons.

(2) En général, 12 centimètres.

(3) *Pierre* ou *terre gazonnée.*

tacles isolés, cet intervalle sera réduit à soixante centimètres ($o^m,6o$).

Les rails qui, à l'extérieur seront au niveau de l'accotement régularisé, ne formeront sur l'entre-rails que la saillie
nécessaire pour le passage des boudins des roues du matériel
de la voie ferrée.

ART. 8.

(Modifié par le décret du 13 février 1900.)

Traverses
des
villes et villages.

Dans les traverses des villes et des villages, les voies ferrées devront, à moins d'une autorisation spéciale du préfet,
être établies avec rails noyés dans la chaussée entre les
deux trottoirs, ou du moins entre les deux zones à réserver
pour l'établissement de trottoirs et suivant le type décrit à
l'article 6.

Le minimum des largeurs à réserver est fixé d'après les
cotes suivantes :

a) Pour un trottoir ou pour l'emplacement à ménager en
vue de l'établissement d'un trottoir, un mètre dix centimètres ($1^m,10$). Cette largeur sera mesurée à partir des limites des propriétés riveraines bâties ou non, ou des alignements approuvés, s'ils passent en avant de ces limites.

b) Entre le matériel de la voie ferrée (partie la plus saillante) et le bord d'un trottoir :

1° Quand on réserve le stationnement des voitures ordinaires, deux mètres soixante centimètres ($2^m,6o$);

2° Quand on supprime ce stationnement, trente centimètres ($o^m,3o$).

Quand l'établissement du tramway sur de larges trottoirs,
existant dans les traverses, aura été autorisé, on fera application de l'article 7.

ART. 9.

Exécution
des travaux.

Le déchet résultant de la démolition et du rétablissement
des chaussées sera couvert par des fournitures de matériaux

neufs de la nature et de la qualité de ceux qui sont employés·dans lesdites chaussées.

Pour le rétablissement des chaussées pavées au moment de la pose de la voie ferrée, il sera fourni, en outre, la quantité de boutisses nécessaire afin d'opérer ce rétablissement suivant les règles de l'art, en évitant l'emploi des demi-pavés.

Les vieux matériaux provenant des anciennes chaussées remaniées ou refaites à neuf qui n'auront pas trouvé leur emploi dans la réfection seront laissés à la libre disposition du concessionnaire.

Les fers, bois et autres éléments constitutifs des voies ferrées devront être de bonne qualité et propres à remplir leur destination.

ART. 10.

Les voies devront être établies d'une manière solide et avec des matériaux de bonne qualité.

Voies.

Les rails seront en   et du poids de
kilogrammes au moins par mètre courant; ils seront posés sur (1)

ART. 11 (2).

(Modifié par le décret du 13 février 1900.)

Les voitures devront s'arrêter en pleine voie pour prendre ou laisser des voyageurs et des marchandises sur tous les points du parcours, sauf sur les sections ci-dessous indiquées :

Gares et stations.

Le nombre et l'emplacement des gares, stations et haltes

---

(1) Les blancs laissés dans l'article 10 seront remplis suivant le type de voie, de supports, d'éclissage, d'entretoisement, etc.

(2) Cet article sera modifié dans le cas où l'on adoptera l'un des deux autres modes d'exploitation prévus par le règlement d'administration publique : arrêts en pleine voie sur tout le parcours, ou arrêts seulement à des gares, stations ou haltes déterminées.

seront arrêtés lors de l'approbation des projets définitifs. Il est toutefois entendu dès à présent qu'il sera établi des stations ou des haltes pour le service des voyageurs *et des gares pour la réception et la livraison des marchandises*, suivant les indications ci-après :

TITRE II.

ENTRETIEN ET EXPLOITATION.

ART. 12.

(Modifié par le décret du 13 février 1900.)

Entretien.

Sur les sections où la voie ferrée est accessible aux voitures ordinaires (sections à rails noyés dans la chaussée), l'entretien qui est à la charge du concessionnaire comprend *le pavage* (1) des entre-rails et de l'entre-voie, ainsi que des zones de cinquante centimètres (o^m,5o) qui servent d'accotements extérieurs aux rails.

ART. 13.

Réfection des parties de route ou de chemin atteintes par les travaux de la voie ferrée.

Lorsque, pour la construction ou la réparation de la voie ferrée, il sera nécessaire de démolir des parties pavées ou empierrées de la voie publique situées en dehors des zones ou de l'accotement indiqués ci-dessus, il devra être pourvu par le concessionnaire à l'entretien de ces parties pendant une année à dater de la réception provisoire des travaux de réfection; il en sera de même pour tous les ouvrages souterrains.

ART. 14.

Nombre minimum des voyages.

Le nombre minimum des voyages qui devront être faits tous les jours, dans chaque sens, *sur la ligne entière*, est fixé à

---

(1) Ou *l'empierrement*.

ART. 15.

(Modifié par le décret du 13 février 1900.)

Le matériel roulant devra satisfaire aux conditions fixées ou à fixer pour les transports militaires.

Les voitures à voyageurs seront chauffées pendant la saison froide.

Les trains se composeront de   voitures au plus et leur longueur totale ne dépassera pas (1)   .

La vitesse des trains en marche sera au plus de (1) kilomètres à l'heure.

Matériel roulant
Limitation
de la vitesse
et
de la longueur
des trains.

TITRE III.

DURÉE ET DÉCHÉANCE DE LA CONCESSION.

———

ART. 16.

La durée de la concession *du réseau* (2) mentionné à l'article 2 du présent cahier des charges commencera à courir de la date du décret d'autorisation, et elle prendra fin le   .

Durée
de la concession.

ART. 17.

(Modifié par le décret du 13 février 1900.)

À l'époque fixée pour l'expiration de la concession et par le seul fait de cette expiration, *l'État* sera subrogé à tous les droits du concessionnaire sur la voie ferrée et ses dépendances, et il entrera immédiatement en jouissance de tous ses produits.

Le concessionnaire sera tenu de lui remettre en bon

Expiration
de la concession.

———

(1) Chiffres à déterminer suivant les espèces, sans pouvoir dépasser les limites fixées par les articles 30 et 33 du règlement d'administration publique pour les lignes de tramway à traction mécanique.

(2) Ou *de la ligne.*

état d'entretien la voie ferrée avec toutes les installations faites sur le sol des voies publiques, ainsi que tous les immeubles et objets immobiliers qui en dépendent, tels que les barrières et clôtures, changements de voies, plaques tournantes, réservoirs d'eau, grues hydrauliques, machines fixes, usines et installations de toute nature établies en vue de la production et du transport de l'énergie électrique ou autre destinée à l'exploitation du tramway, bureaux d'attente et de contrôle, etc., établis dans des immeubles exclusivement affectés à cet usage.

Dans les cinq dernières années qui précéderont le terme de la concession, *l'État* aura le droit de saisir les revenus du tramway et de les employer à rétablir en bon état la voie ferrée et ses dépendances, si le concessionnaire ne se mettait pas en mesure de satisfaire pleinement et entièrement à cette obligation.

En ce qui concerne les objets mobiliers (1), tels que le matériel roulant, le mobilier des stations, l'outillage des ateliers et des gares, *l'État* se réserve le droit de les reprendre en totalité ou pour telle partie qu'il jugera convenable, à dire d'experts, mais sans pouvoir y être contraint. La valeur des objets repris sera payée au concessionnaire dans les six mois qui suivront l'expiration de la concession et la remise du matériel à *l'État*.

L'État sera tenu, si le concessionnaire le requiert, de reprendre en outre les matériaux, combustibles et approvisionnements de tout genre sur l'estimation qui en sera faite à dire d'experts; et, réciproquement, si *l'État* le requiert, le concessionnaire sera tenu de céder ces approvisionnements de la même manière. Toutefois, *l'État* ne

---

(1) Au cas où le pouvoir concédant veut se réserver la propriété des objets mobiliers, tels que matériel roulant, mobilier, outillage, qui auront été payés soit par lui, soit à l'aide de fonds dont il supporte ou garantit l'intérêt et l'amortissement, une clause spéciale devra être insérée à cet effet dans la convention.

pourra être obligé de reprendre que les approvisionnements nécessaires à l'exploitation du tramway pendant six mois.

Les dispositions qui précèdent ne sont applicables qu'au cas où le Gouvernement déciderait que les voies ferrées doivent être maintenues en tout ou en partie.

ART. 18.

Dans le cas où le Gouvernement déciderait, au contraire, que les voies ferrées doivent être supprimées en tout ou en partie, ces voies seront enlevées et les lieux seront remis dans l'état primitif par les soins et aux frais du concessionnaire, sans qu'il puisse prétendre à aucune indemnité.

Remise des lieux dans l'état primitif.

ART. 19.

L'État aura toujours le droit de racheter la concession.

Si le rachat a lieu avant l'expiration des *quinze* premières années de l'exploitation, il se fera conformément au paragraphe 3 de l'article 11 de la loi du 11 juin 1880. Ce terme de *quinze* ans sera compté à partir de la mise en exploitation effective *du réseau entier*, ou au plus tard à partir de la fin du délai qui est fixé dans l'article 3 du présent cahier des charges, sans tenir compte des retards qui auraient eu lieu dans l'achèvement des travaux.

Rachat de la concession.

Si le rachat de la concession entière est réclamé par *l'État* après l'expiration des *quinze* premières années de l'exploitation, on réglera le prix du rachat, en relevant les produits nets annuels obtenus par le concessionnaire pendant les *sept* années qui auront précédé celle où le rachat sera effectué et en y comprenant les annuités qui auront été payées à titre de subvention; on en déduira les produits nets des *deux* plus faibles années et l'on établira le produit net moyen des *cinq* autres années.

Ce produit net moyen formera le montant d'une annuité qui sera due et payée au concessionnaire pendant chacune des années restant à courir sur la durée de la concession.

Dans aucun cas, le montant de l'annuité ne sera inférieur au produit net de la dernière des *sept* années prises pour terme de comparaison.

Le concessionnaire recevra en outre, dans les six mois qui suivront le rachat, les remboursements auxquels il aurait droit à l'expiration de la concession, suivant le quatrième et le cinquième paragraphe de l'article 17, la reprise de la totalité des objets mobiliers étant ici obligatoire dans tous les cas pour *l'État.*

Le concessionnaire ne pourra élever aucune réclamation dans le cas où, par suite d'un changement dans le classement des routes et chemins empruntés par la voie ferrée, une nouvelle autorité serait substituée à celle de qui émane la concession.

La nouvelle autorité aura les mêmes droits que celle qui a fait la concession.

ART. 20.

Déchéance.

Si le concessionnaire n'a pas remis au préfet tous les projets définitifs, ou s'il n'a pas commencé les travaux dans les délais fixés par l'article 3, il encourra la déchéance qui, après mise en demeure, sera prononcée par le Ministre des travaux publics, sauf recours au Conseil d'État par la voie contentieuse.

Dans ces deux cas, la somme qui aura été déposée, ainsi qu'il sera dit à l'article 38, à titre de cautionnement, deviendra la propriété de *l'État* et lui restera acquise.

ART. 21.

Achèvement des travaux en cas de déchéance.

Faute par le concessionnaire d'avoir poursuivi et terminé les travaux dans les délais et conditions fixés par l'article 3, faute aussi par lui d'avoir rempli les diverses obligations qui lui sont imposées par le règlement d'administration publique du 6 août 1881 ainsi que par le présent cahier des charges, et dans le cas prévu par l'article 10 de la loi du 11 juin 1880, il encourra soit la perte partielle de son cautionnement dans les conditions qui seraient prévues par

l'acte de concession, soit la perte totale de ce cautionnement, soit la déchéance. Dans tous les cas, il sera statué
par le Ministre des travaux publics, après mise en demeure, sauf recours au Conseil d'État par la voie contentieuse. Dans les deux premiers cas, le cautionnement devra
être reconstitué dans le mois de la décision ministérielle.

En cas de déchéance, il sera pourvu tant à la continuation et à l'achèvement des travaux qu'à l'exécution des
autres engagements contractés par le concessionnaire, conformément à l'article 41 du règlement d'administration publique du 6 août 1881.

ART. 22.

Cas
de force majeure.

Les dispositions des deux articles qui précèdent ne seraient pas applicables et la déchéance ne serait pas encourue, dans le cas où le concessionnaire n'aurait pu remplir
ses obligations par suite de circonstances de force majeure
dûment constatées.

TITRE IV (1).
TAXES ET CONDITIONS RELATIVES AU TRANSPORT
DES VOYAGEURS *ET DES MARCHANDISES.*

ART. 23.
(Modifié par le décret du 13 février 1900.)

Tarif des droits
à percevoir.

Pour indemniser le concessionnaire des travaux et dépenses qu'il s'engage à faire par le présent cahier des charges
et sous la condition expresse qu'il en remplira exactement
toutes les obligations, il est autorisé à percevoir, pendant
toute la durée de la concession, les droits de péage et les
prix de transport ci-après déterminés :

(1) Les articles du titre IV sont susceptibles d'être les uns réduits
à un petit nombre de dispositions, les autres laissés en blanc, lorsque
le tramway ne sera affecté qu'à un service de voyageurs seulement ou
de voyageurs et de messageries; mais il conviendra de ne pas modifier le numérotage des articles suivants.

17.

TARIF.

ÉTÉ ET PAR KILOMÈTRE.

	PRIX		
	de PÉAGE.	de TRANS-PORT.	TOTAUX.
	(1)	(1)	(1)

rande vitesse.

Voitures couvertes, garnies et fermées à glaces au moins pendant l'hiver (1re classe)..	0f 067	0f 033	0f 10
Voitures couvertes, fermées à glaces, au moins pendant l'hiver, et à banquettes rembourrées (2e classe)..........	0 050	0 025	0 075
Voiture couvertes et fermées à vitres au moins pendant l'hiver (3e classe)	0 037	0 018	0 055

s de 3 ans, les enfants ne payent
ndition d'être portés sur les genoux
es qui les accompagnent.
ans, ils payent demi-place et ont
place distincte; toutefois, dans un
artiment, deux enfants ne pourront
e la place d'un voyageur.
s de 7 ans, ils payent place entière.

tés dans les trains de voyageurs ... perception puisse être inférieure à	0 01	0 005	0 015

Petite vitesse.

taureaux, chevaux, mulets, bêtes	0 07	0 03	0 10
....	0 025	0 015	0 04
s, agneaux, chèvres............	0 01	0 01	0 02

nimaux ci-dessus dénommés seront,
des expéditeurs, transportés à la
s de voyageurs, les prix seront dou-

ι TONNE ET PAR KILOMÈTRE.

·handises transportées à grande vitesse.

issons frais. — Denrées. —·Excédents t marchandises de toute classe transvitesse des trains de voyageurs.....	0 20	0 16	0 36

es transportées à petite vitesse.

x. — Huiles. — Bois de menuiserie,
ture et autres bois exotiques. — Prohimiques non dénommés. — Œufs.
nde fraîche. — Gibier. — Sucre. —
Drogues. — Épiceries. — Tissus.
nrées coloniales. — Objets manufac-

— Armes....................	0 09	0 07	0 16

à fixer pour chaque concession; les chiffres inscrits ci-dessous
à titre de renseignement utile à consulter.

	PRIX		
	de PÉAGE.	de TRANS- PORT.	TOTAUX.
Blés. — Grains. — Farines. — Légumes fari- neux. — Riz, maïs, châtaignes et autres denrées alimentaires non dénommées. — Chaux et plâtre. — Charbon de bois. — Bois à brûler dit de corde. — Perches. — Chevrons. — Planches. — Madriers. — Bois de charpente. — Marbre en bloc. — Albâtre. — Bitume. — Cotons. — Laines. — Vins. — Vinaigres. — Boissons. — Bières. — Levure sèche. — Coke. — Fers. — Cuivres. — Plomb et autres métaux ouvrés ou non. — Fontes moulées..................	0ᶠ08	0ᶠ06	0ᶠ 14
Pierres de taille et produits de carrières. — Minerais autres que les minerais de fer. — Fonte brute. — Sel. — Moellons. — Meu- lières. — Argiles. — Briques. — Ardoises.	0 06	0 04	0 10
Houille. — Marne. — Cendres. — Fumiers. — Engrais. — Pierres à chaux et à plâtre. — Pavés et matériaux pour la construction et la réparation des routes. — Minerais de fer. — Cailloux et sables..............	0 05	0 03	0 08

Tarif spécial pour wagon complet.

rchandises des 1ʳᵉ, 2ᵉ, 3ᵉ et 4ᵉ classes........	0 04	0 02	0 06
es foins, fourrages, pailles et toutes marchan- s ne pesant pas *six cents* kilogrammes sous le me d'un mètre cube, *cinquante centimes (0ᶠ50ᶜ)* wagon et par kilomètre.			

" VOITURES ET MATÉRIEL ROULANT TRANSPORTÉS À PETITE VITESSE.

Par pièce et par kilomètre.

gon ou chariot pouvant porter de 3 à 6 tonnes.	0 09	0 06	0 15
—————— pouvant porter plus de 6 tonnes.	0 12	0 08	0 20
omotive pesant de 12 à 18 tonnes (ne traînant as de convoi).........................	1·80	1 20	3 00
omotive pesant plus de 18 tonnes (ne traînant as de convoi).........................	2 25	1 50	3 75
der de 7 à 10 tonnes.....................	0 90	0 60	1 50
der de plus de 10 tonnes.................	1 35	0 90	2 25

	PRIX		
	de PÉAGE.	de TRANS-PORT.	TOTAUX.
Les machines locomotives seront considérées comme ne traînant pas de convoi, lorsque le convoi remorqué, soit de voyageurs, soit de marchandises, ne comportera pas un péage au moins égal à celui qui serait perçu sur la locomotive avec son tender marchant sans rien traîner.			
Le prix à payer pour un wagon chargé ne pourra jamais être inférieur à celui qui serait dû pour un wagon marchant à vide.			
Voitures à 2 ou 4 roues, à un fond et à une seule banquette dans l'intérieur..................	0f 15	0f 10	0f 25
Voitures à 4 roues, à deux fonds et à deux banquettes dans l'intérieur, omnibus, diligences, etc.	0 18	0 14	0 32
Lorsque, sur la demande des expéditeurs, les transports auront lieu à la vitesse des trains de voyageurs, les prix ci-dessus seront doublés.			
Dans ce cas, deux personnes pourront, sans supplément de prix, voyager dans les voitures à une banquette, et trois dans les voitures à deux banquettes, omnibus, diligences, etc.; les voyageurs excédant ce nombre payeront le prix des places de deuxième classe.			
Voitures de déménagement à 2 ou à 4 roues, à vide.	0 12	0 08	0 20
Ces voitures, lorsqu'elles seront chargées, payeront en sus des prix ci-dessus, par tonne de chargement et par kilomètre........................	0 08	0 06	0 14
4° SERVICE DES POMPES FUNÈBRES ET TRANSPORT DES CERCUEILS.			
Grande vitesse.			
Une voiture des pompes funèbres, renfermant un ou plusieurs cercueils, sera transportée aux mêmes prix et conditions qu'une voiture à quatre roues, à deux fonds et à deux banquettes...........	0 36	0 28	0 64
Chaque cercueil confié à l'administration du chemin de fer sera transporté, par les trains ordinaires, dans un compartiment isolé, au prix de.......	0 18	0 12	0 30
Et pour les trains express, dans une voiture spéciale, au prix de........................	0 60	0 40	1 00

Les prix déterminés ci-dessus ne comprennent pas l'impôt dû à l'État.

Il est expressément entendu que les prix de transport ne seront dus au concessionnaire qu'autant qu'il effectuerait lui-même ces transports à ses frais et par ses propres moyens; dans le cas contraire, il n'aura droit qu'aux prix fixés pour le péage.

La perception aura lieu d'après le nombre de kilomètres parcourus. Tout kilomètre entamé sera payé comme s'il avait été parcouru en entier.

Si la distance parcourue est inférieure à *six* kilomètres, elle sera comptée pour *six* kilomètres.

Le tableau des distances entre les diverses stations sera arrêté par le préfet d'après le procès-verbal de chaînage dressé contradictoirement par le concessionnaire et le service du contrôle. Ce chaînage sera fait suivant la voie la plus courte, d'axe en axe des bâtiments des voyageurs des stations extrêmes. Les tarifs proposés d'après cette base seront soumis à l'homologation du *Ministre des travaux publics* (1).

Dans aucun cas, il ne pourra être perçu pour un voyageur pris ou laissé en route un prix supérieur à celui qui a été prévu pour la distance complète qui sépare les deux stations entre lesquelles le parcours a été effectué.

Le poids de la tonne est de mille kilogrammes.

Les fractions de poids ne seront comptées, tant pour la grande que pour la petite vitesse, que par centième de tonne ou par 10 kilogrammes.

Ainsi, tout poids compris entre 0 et 10 kilogrammes payera comme 10 kilogrammes; entre 10 et 20 kilogrammes, comme 20 kilogrammes, etc.

Toutefois, pour les excédents de bagages et de marchandises à grande vitesse, les coupures seront établies : 1° de 0 à 5 kilogrammes; 2° au-dessus de 5 jusqu'à 10 kilogrammes; 3° au-dessus de 10 kilogrammes, par fraction indivisible de 10 kilogrammes.

---

(1) Ou du *Préfet*, si la concession émane d'un département ou d'une commune. (Art. 33 de la loi du 11 juin 1880.)

Quelle que soit la distance parcourue, le prix d'une expédition quelconque, soit en grande, soit en petite vitesse, ne pourra être inférieur à *40 centimes.*

ART. 24.

Bagages.

Tout voyageur dont le bagage ne pèsera pas plus de *trente (30)* kilogrammes n'aura à payer, pour le port de ce bagage, aucun supplément du prix de sa place.

Cette franchise ne s'appliquera pas aux enfants transportés gratuitement et elle sera réduite à *vingt (20)* kilogrammes pour les enfants transportés à moitié prix.

ART. 25.

Assimilation des classes de marchandises.

Les animaux, denrées, marchandises, effets et autres objets non désignés dans le tarif seront rangés, pour les droits à percevoir, dans les classes avec lesquelles ils auront le plus d'analogie. sans que jamais, sauf les exceptions formulées aux articles 26 et 27 ci-après, aucune marchandise non dénommée puisse être soumise à une taxe supérieure à celle de la première classe du tarif ci-dessus.

Les assimilations de classes pourront être provisoirement réglées par le concessionnaire; elles seront immédiatement affichées et soumises à l'Administration, qui prononcera définitivement.

ART. 26.

Transport de masses indivisibles.

Les droits de péage et les prix de transport déterminés au tarif ne sont point applicables à toute masse indivisible pesant plus de *trois mille* kilogrammes (*3,000ᵏ*).

Néanmoins, le concessionnaire ne pourra se refuser à transporter les masses indivisibles pesant de *trois mille* à *cinq mille* kilogrammes ; mais les droits de péage et les prix de transport seront augmentés de moitié.

Le concessionnaire ne pourra être contraint à transporter les masses pesant plus de *cinq mille* kilogrammes (*5,000ᵏ*).

Si, nonobstant la disposition qui précède, le concessionnaire transporte des masses indivisibles pesant plus de
cinq mille kilogrammes (*5,000ᵏ*), il devra, pendant trois
mois au moins, accorder les mêmes facilités à tous ceux
qui en feraient la demande.

Dans ce cas, les prix de transport seront fixés par l'Administration, sur la proposition du concessionnaire.

ART. 27.

Les prix de transport déterminés au tarif ne sont point
applicables :

*Exceptions :
envois
par groupes.*

1° Aux denrées et objets qui ne sont pas nommément
énoncés dans le tarif et qui ne pèseraient pas deux cents
kilogrammes sous le volume d'un mètre cube;

2° Aux matières inflammables ou explosibles, aux animaux et objets dangereux pour lesquels des règlements de
police prescriraient des précautions spéciales;

3° Aux animaux dont la valeur déclarée excéderait
cinq mille francs;

4° A l'or et à l'argent, soit en lingots, soit monnayés ou
travaillés, au plaqué d'or ou d'argent, au mercure et au
platine, ainsi qu'aux bijoux, dentelles, pierres précieuses,
objets d'art et autres valeurs;

5° Et, en général, à tous paquets, colis ou excédents
de bagages pesant isolément *quarante* kilogrammes et au-
dessous.

Toutefois, les prix de transport déterminés au tarif sont
applicables à tous paquets ou colis pesant ensemble plus de
quarante kilogrammes d'objets envoyés par une même personne à une même personne. Il en sera de même pour les
excédents de bagages qui pèseraient ensemble ou isolément
plus de *quarante* kilogrammes.

Le bénéfice de la disposition énoncée dans le paragraphe
précédent, en ce qui concerne les paquets ou colis, ne peut

18

être invoqué par les entrepreneurs de messagerie et de roulage et autres intermédiaires de transport, à moins que les articles par eux envoyés ne soient réunis en un seul colis.

Dans les cinq cas ci-dessus spécifiés, les prix de transport seront arrêtés annuellement par le Préfet, tant pour la grande que pour la petite vitesse, sur la proposition du concessionnaire.

En ce qui concerne les paquets ou colis mentionnés au paragraphe 5° ci-dessus, les prix de transport devront être calculés de telle manière qu'en aucun cas un de ces paquets ou colis ne puisse payer un prix plus élevé qu'un article de même nature pesant plus de *quarante* kilogrammes.

ART. 28.

Abaissement des tarifs.

Dans le cas où le concessionnaire jugerait convenable, soit pour le parcours total, soit pour les parcours partiels de la voie de fer, d'abaisser, avec ou sans conditions, au-dessous des limites déterminées par le tarif les taxes qu'il est autorisé à percevoir, les taxes abaissées ne pourront être relevées qu'après un délai de trois mois au moins pour les voyageurs et d'un an pour les marchandises.

Toute modification de tarif proposée par le concessionnaire sera annoncée un mois d'avance par des affiches.

La perception des tarifs modifiés ne pourra avoir lieu qu'avec l'homologation du *Ministre des travaux publics* (1), conformément aux dispositions de la loi du 11 juin 1880.

La perception des taxes devra se faire indistinctement et sans aucune faveur.

Tout traité particulier qui aurait pour effet d'accorder à un ou plusieurs expéditeurs une réduction sur les tarifs approuvés demeure formellement interdit.

Toutefois, cette disposition n'est pas applicable aux traités

----

(1) Ou du *Préfet,* si la concession n'est pas donnée par l'État.

qui pourraient intervenir entre le Gouvernement et le concessionnaire dans l'intérêt des services publics, ni aux réductions ou remises qui seraient accordées par le concessionnaire aux indigents.

En cas d'abaissement des tarifs, la réduction portera proportionnellement sur le péage et sur le transport.

ART. 29.

Délais d'expédition.

Le concessionnaire sera tenu d'effectuer constamment avec soin, exactitude et célérité, et sans tour de faveur, le transport des voyageurs, bestiaux, denrées, marchandises et objets quelconques qui lui seront confiés.

Les colis, bestiaux et objets quelconques seront inscrits, à la gare d'où ils partent et à la gare où ils arrivent, sur des registres spéciaux, au fur et à mesure de leur réception; mention sera faite, sur le registre de la gare de départ, du prix total dû pour leur transport.

Pour les marchandises ayant une même destination, les expéditions auront lieu suivant l'ordre de leur inscription à la gare de départ.

Toute expédition de marchandises sera constatée, si l'expéditeur le demande, par une lettre de voiture dont un exemplaire restera aux mains du concessionnaire et l'autre aux mains de l'expéditeur. Dans le cas où l'expéditeur ne demanderait pas de lettre de voiture, le concessionnaire sera tenu de lui délivrer un récépissé qui énoncera la nature et le poids du colis, le prix total du transport et le délai dans lequel ce transport devra être effectué.

ART. 30.

Délais de livraison.

Les animaux, denrées, marchandises et objets quelconques seront expédiés et livrés de gare en gare, dans les délais résultant des conditions ci-après exprimées :

1° Les animaux, denrées, marchandises et objets quel-

18.

conques à grande vitesse seront expédiés par le premier train de voyageurs contenant des voitures de toutes classes et correspondant avec leur destination, pourvu qu'ils aient été présentés à l'enregistrement trois heures avant le départ de ce train.

Ils seront mis à la disposition des destinataires, à la gare, dans le délai de deux heures après l'arrivée du même train;

2° Les animaux, denrées, marchandises et objets quelconques à petite vitesse seront expédiés dans le jour qui suivra celui de la remise.

Le maximum de durée du trajet sera fixé par le préfet, sur la proposition du concessionnaire.

Les colis seront mis à la disposition des destinataires dans le jour qui suivra celui de leur arrivée en gare.

Le délai total résultant des trois paragraphes ci-dessus sera seul obligatoire pour la compagnie.

Il pourra être établi un tarif réduit, approuvé par le *Ministre des travaux publics*, pour tout expéditeur qui acceptera des délais plus longs que ceux déterminés ci-dessus pour la petite vitesse.

Pour le transport des marchandises, il pourra être établi, sur la proposition du concessionnaire, un délai moyen entre ceux de la grande et de la petite vitesse. Le prix correspondant à ce délai sera un prix intermédiaire entre ceux de la grande et de la petite vitesse.

Le préfet déterminera, par des règlements spéciaux, les heures d'ouverture et de fermeture des gares et stations, tant en hiver qu'en été, ainsi que les dispositions relatives aux denrées apportées par les trains de nuit et destinées à l'approvisionnement des marchés des villes.

Lorsque la marchandise devra passer d'une ligne sur une autre sans solution de continuité, les délais de livraison et d'expédition au point de jonction seront fixés par le préfet, sur la proposition du concessionnaire.

ART. 31.

Les frais accessoires non mentionnés dans les tarifs, tels que ceux d'enregistrement, de chargement, de déchargement et de magasinage dans les gares et magasins du tramway, seront fixés annuellement par le préfet, sur la proposition du concessionnaire. Il en sera de même des frais de transbordement qui seront faits dans les gares de raccordement de la ligne concédée avec une ligne présentant une largeur de voie différente.

Frais accessoires.

ART. 32.

Le concessionnaire sera tenu de faire, soit par lui-même, soit par un intermédiaire dont il répondra, le factage et le camionnage pour la remise au domicile des destinataires de toutes les marchandises qui lui sont confiées.

Camionnage.

Le factage et le camionnage ne seront point obligatoires en dehors du rayon de l'octroi, non plus que pour les gares qui desserviraient soit une population agglomérée de moins de *trois mille* habitants, soit un centre de population de *trois mille* habitants situé à plus de *cinq* kilomètres de la gare du tramway.

Les tarifs à percevoir seront fixés par le préfet, sur la proposition du concessionnaire. Ils seront applicables à tout le monde sans distinction.

Toutefois les expéditeurs et destinataires resteront libres de faire eux-mêmes et à leurs frais le factage et le camionnage des marchandises.

ART. 33.

A moins d'une autorisation spéciale du préfet, il est interdit au concessionnaire, conformément à l'article 14 de la loi du 15 juillet 1845, de faire directement ou indirectement avec des entreprises de transport de voyageurs ou de marchandises par terre ou par eau, sous quelque déno-

Traités particuliers.

mination ou forme que ce puisse être, des arrangements qui ne seraient pas consentis en faveur de toutes les entreprises desservant les mêmes voies de communication.

Le Préfet, agissant en vertu de l'article 39 du règlement d'administration publique du 6 août 1881, prescrira les mesures à prendre pour assurer la plus complète égalité entre les diverses entreprises de transport dans leurs rapports avec le tramway.

ART. 34.

Embranchements industriels. Tarif à percevoir pour le matériel prêté. Le concessionnaire sera indemnisé de la fourniture et de l'envoi de son matériel sur les embranchements industriels, desservant des carrières, des mines ou des usines, par la perception d'une redevance qui est fixée à *douze centimes* (*0f 12c*) par tonne pour le premier kilomètre et à *quatre centimes* (*0f 04c*) par tonne et par kilomètre en sus du premier, lorsque la longueur de l'embranchement excédera un kilomètre.

TITRE V.

STIPULATIONS RELATIVES À DIVERS SERVICES PUBLICS.

—

ART. 35.

Fonctionnaires ou agents du contrôle. Les fonctionnaires ou agents chargés de l'inspection, du contrôle et de la surveillance de la voie ferrée seront transportés gratuitement dans les voitures de voyageurs.

ART. 36.

Service des postes. Le concessionnaire sera tenu de recevoir dans ses voitures, aux heures des départs réguliers, les sacs de dépêches de la poste escortés ou non d'un convoyeur. Les sacs seront déposés dans un coffre fermant à clef. Le convoyeur aura droit à une place réservée aussi près que possible de ce coffre.

L'Administration des postes aura, en outre, le droit de fixer aux voitures de l'entreprise une boîte aux lettres, dont elle fera opérer la pose et la levée par ses agents.

Les prix des transports ci-dessus seront payés par l'Administration des postes conformément aux tarifs homologués, sauf dans le cas où l'État se serait engagé à fournir au concessionnaire une subvention par annuités. Dans ce cas, les sacs de dépêches et le convoyeur devront être transportés gratuitement.

Le concessionnaire pourra être tenu de fixer, d'après les convenances du service des postes, l'heure d'un de ses départs dans chaque sens.

Le montant des dépenses supplémentaires de toute nature que ce service spécial aura imposées au concessionnaire, déduction faite du produit qu'il aura pu en retirer, lui sera payé par l'Administration des postes, que l'entreprise soit subventionnée ou non par le Trésor, suivant le règlement qui en sera fait de gré à gré ou par deux arbitres. En cas de désaccord de ces arbitres, un tiers arbitre sera désigné par le conseil de préfecture.

TITRE VI.

CLAUSES DIVERSES.

ART. 37.

Le somme que le concessionnaire doit verser chaque année à la date du   , afin de pourvoir aux frais du contrôle, sera calculée d'après le chiffre de (1) par kilomètre de voie concédée.

Frais
de contrôle.

---

(1) Les frais de contrôle ont été fixés, dans plusieurs concessions déjà données, à la somme annuelle de cinquante francs (50 fr.) par kilomètre, payable à compter de la date du décret de concession; tant pour la période de construction que pour la période d'exploitation.

Le premier versement aura lieu le à la
caisse du .

ART. 38 (1).

Cautionnement. Avant la signature de l'acte de concession, le concessionnaire déposera à la Caisse des dépôts et consignations une
somme de
en numéraire ou en rentes sur l'État, calculées conformément
au décret du 31 janvier 1872, ou en bons du Trésor, avec
transfert, au profit de ladite caisse, de celles de ces valeurs
qui seraient nominatives ou à ordre.

Cette somme formera le cautionnement de l'entreprise.

Les *quatre cinquièmes* en seront rendus au concessionnaire
par *cinquième* et proportionnellement à l'avancement des
travaux. Le dernier *cinquième* ne sera remboursé qu'après
l'expiration de la concession.

ART. 39 (1).

Élection
de domicile. Le concessionnaire devra faire élection de domicile à

Dans le cas où il ne l'aurait pas fait, toute notification ou
signification à lui adressée sera valable lorsqu'elle sera faite
au *secrétariat général de la préfecture de* (2).

ART. 40.

Jugement
des
contestations. Les contestations qui s'élèveraient entre le concessionnaire et l'Administration, au sujet de l'exécution et de l'interprétation des clauses du présent cahier des charges, seront

(1) [*Note ajoutée par le décret du 13 février 1900.*]
En cas de concession à un département ou à une commune d'un
tramway avec rétrocession, les articles 38 et 39 seront supprimés
dans le cahier des charges et insérés dans la convention relative à la
la rétrocession.
(2) Ou au *secrétariat de la Mairie de*

jugées administrativement par le conseil de préfecture du
département d , sauf recours au
Conseil d'État.

ART. 41.

Les frais d'enregistrement du présent cahier des charges
et de la convention ci-annexée seront supportés par le concessionnaire.

Frais
d'enregistrement.

DÉCRET DU 20 MARS 1882

modifié par le décret du 23 décembre 1885, portant règlement d'administration publique pour l'exécution des articles 16 et 39 de la loi du 11 juin 1880 (1).

(Conditions financières imposées aux concessionnaires de chemins
[de fer d'intérêt local et de tramways.)

ARTICLE PREMIER.

Le capital de premier établissement qui doit servir de base pour l'application des articles 13 et 36 de la loi susvisée est fixé dans les conditions ci-après et dans les limites du maximum prévu par les actes de concession, à moins qu'il n'ait été fixé à forfait par une stipulation expresse.

Ce capital comprend toutes les sommes que le concessionnaire justifie avoir dépensées dans un but d'utilité pour l'exécution des travaux de construction proprement dits, l'achat

---

(1) *Le préambule du décret du 20 mars 1882 est ainsi conçu :*

LE PRÉSIDENT DE LA RÉPUBLIQUE FRANÇAISE,

Sur le rapport du Ministre des travaux publics,

Vu la loi du 11 juin 1880, relative aux chemins de fer d'intérêt local et aux tramways, et notamment l'article 16 ainsi conçu :

« Un règlement d'administration publique déterminera :

« 1° Les justifications à fournir par les concessionnaires pour établir « les recettes et les dépenses annuelles ;

« 2° Les conditions dans lesquelles seront fixés, en exécution de la « présente loi, le chiffre de la subvention due par l'État, le départe-« ment ou les communes, et, lorsqu'il y aura lieu, la part revenant à « l'État, au département, aux communes ou aux intéressés, à titre de « remboursement de leurs avances, sur le produit net de l'exploita-« tion » ;

Vu l'avis du Conseil général des ponts et chaussées, en date du 8 février 1881, et les lettres du Ministre des finances, en date des 25 juillet et 24 décembre 1881 ;

Le Conseil d'État entendu.

19.

du matériel fixe et d'exploitation, le parachèvement de la
ligne après sa mise en exploitation, la constitution du capital-actions, l'émission des obligations, les intérêts des capi-
taux engagés pendant la période assignée à la construction
par l'acte de concession ou jusqu'à la mise en exploitation,
si elle a lieu avant le délai fixé. Il peut être augmenté, s'il y
a lieu, des insuffisances de recettes résultant de l'exploitation partielle des sections qui seraient ouvertes pendant
ladite période de construction.

Les dépenses relatives à la constitution du capital-actions
et à l'émission des obligations ne sont admises en compte
que jusqu'à concurrence d'un maximum spécialement stipulé
dans l'acte de concession.

ART. 2.

Tout concessionnaire de chemin de fer d'intérêt local ou
de tramway subventionné doit remettre au préfet du département, dans un délai de quatre mois, à partir du jour de la
mise en exploitation de la ligne entière, le compte détaillé
des dépenses de premier établissement qu'il a faites jusqu'à
ce jour.

Il présente, avant le 31 mars de chaque année, un
compte supplémentaire de celles qu'il peut être autorisé à ne
faire qu'après la mise en exploitation pour le parachèvement de la ligne ; mais, en tout cas, le compte de premier
établissement doit être clos quatre ans au plus tard après la
mise en exploitation de la ligne entière.

Dans le cas où l'acte de concession a prévu que le capital
de premier établissement pourrait être successivement augmenté, jusqu'à concurrence d'une somme déterminée et
pendant un certain délai, pour travaux complémentaires,
tels que agrandissements de gares, augmentation du matériel roulant, pose de secondes voies ou de voies de garage,
le concessionnaire doit, chaque année, avant le 31 mars,
présenter un compte détaillé des dépenses qu'il a ainsi faites

pendant l'année précédente en vertu d'une autorisation spéciale et préalable, donnée par le Ministre des travaux publics, quand l'État a consenti à garantir ce capital complémentaire, et par le préfet dans les autres cas.

ART. 3.

Avant le 31 mars de chaque année, le concessionnaire remet au préfet du département un compte détaillé, établi d'après ses registres et comprenant pour l'année précédente :

1° Les produits bruts de toute nature de l'exploitation ;

2° Les frais d'entretien et d'exploitation, à moins que ces frais n'aient été déterminés à forfait par l'acte de concession ou par un acte postérieur.

Le compte d'entretien et d'exploitation ne peut comprendre aucune dépense d'établissement ni aucune dépense pour augmentation du matériel roulant.

ART. 4.

Le Ministre des travaux publics détermine, après avoir pris l'avis du Ministre des finances, les justifications que le concessionnaire doit produire à l'appui de ces différents comptes, dont les développements par article sont présentés conformément aux modèles arrêtés par lui.

ART. 5.

Les comptes ainsi produits par le concessionnaire sont soumis à l'examen d'une commission instituée par le Ministre des travaux publics et composée ainsi qu'il suit :

Le préfet ou le secrétaire général délégué, président ;

Un membre du conseil général du département ou du conseil municipal, si la concession émane d'une commune, ledit membre désigné par le conseil auquel il appartient ;

Un ingénieur des ponts et chaussées ou des mines, désigné par le Ministre des travaux publics ;

Un fonctionnaire de l'administration des finances, désigné par le Ministre des finances.

La commission désigne elle-même son secrétaire ; s'il est pris en dehors de son sein, il n'a que voix consultative.

Le président a voix prépondérante en cas de partage.

Dans le cas où la ligne s'étend sur plusieurs départements, il est institué une commission spéciale pour chaque département. Ces commissions peuvent se réunir et délibérer en commun si la concession a été faite conjointement par les conseils généraux de ces départements, par application des articles 89 et 90 de la loi du 10 août 1871 ; la présidence appartient au préfet du département que la ligne traverse dans la plus grande longueur.

ART. 6.

Le concessionnaire est tenu de représenter les registres, pièces comptables, correspondances et tous autres documents que la commission juge nécessaires à la vérification des comptes.

La commission peut se transporter au besoin, par elle-même ou par ses délégués, soit au siège de l'entreprise, soit dans les gares, stations ou bureaux de la ligne.

ART. 7.

La commission adresse son rapport avec les comptes et les pièces justificatives au Ministre des travaux publics, qui les examine après les avoir communiqués au Ministre des finances.

Si cet examen ne révèle pas de difficultés ou si les modifications jugées nécessaires sont acceptées par le Ministre des finances, le département, les communes et le concessionnaire, le Ministre des travaux publics arrête définitivement le capital de premier établissement qui doit servir de base pour l'application des articles 13 et 36 de la loi du 11 juin 1880.

Il est procédé de la même manière pour arrêter annuellement le chiffre de la subvention due par l'État, le département ou les communes, et, lorsqu'il y a lieu, la part revenant à l'État, au département, aux communes ou aux intéressés, à titre de remboursement de leurs avances, sur le produit net de l'exploitation.

ART. 8.
(Modifié par le décret du 23 décembre 1885.)

Lorsqu'il n'y a pas accord entre l'État, le département ou la commune et le concessionnaire, les comptes sont soumis, avec toutes les pièces à l'appui, à la Commission de vérification des comptes des compagnies de chemins de fer, instituée en exécution du décret du 28 mars 1883.

La Commission adresse son rapport au Ministre des travaux publics, qui statue, après avoir pris l'avis du Ministre des finances, sauf recours au Conseil d'État.

Par dérogation à l'article 7, cette Commission est toujours consultée sur les comptes des lignes d'intérêt local et des tramways dont les concessionnaires sont liés à l'État par des conventions financières pour des chemins de fer d'intérêt général.

Elle est, en outre, consultée directement et sans l'intervention de la commission locale, prévue par l'article 5, sur les comptes des lignes d'intérêt local et des tramways non concédés, ainsi que sur les comptes des tramways concédés à un département ou à une commune et non rétrocédés.

Dans tous les cas, elle a les pouvoirs conférés par l'article 6 aux commissions locales.

ART. 9.

En présentant son compte annuel, le concessionnaire peut demander une avance sur la somme qui lui sera due à titre de subvention.

Le montant de l'avance est déterminé par le Ministre des travaux publics, sur le rapport de la commission locale, après communication au Ministre des finances.

Dans le cas où le règlement définitif des comptes de l'exercice ferait reconnaître que cette avance a été trop considérable, le concessionnaire devra rembourser immédiatement l'excédent au Trésor, au département ou à la commune, avec les intérêts à 4 p. o/o par an.

ART. 10.

La comptabilité de tout concessionnaire snbventionné est soumise à la vérification de l'inspection générale des finances, qui a, pour l'accomplissement de cette mission, tous les droits dévolus aux commissions de contrôle par l'article 6 du présent décret.

ART. 11.

Dans le cas où l'État n'a pris aucun engagement et où l'entreprise de chemin de fer ou de tramway est subventionnée seulement par un département ou par une commune, il est procédé à l'examen et au règlement des comptes dans les mêmes fo mes; mais les attributions conférées au Ministre des travaux publics par les articles 4, 5, 7 et 9 sont exercées par le préfet, sans qu'il soit besoin de consulter le Ministre des finances.

Lorsqu'une des parties conteste le compte arrêté par le préfet, l'article 8 est applicable.

ART. 12.

Si la subvention est donnée par le département ou la commune en capital, en terrains, en travaux ou sous toute autre forme que celle d'annuités, elle est évaluée et transformée en annuités au taux de 4 p. o/o, pour l'application des art cles 13 et 36 de la loi, aux termes desquels l'État ne peut subvenir pour partie aux insuffisances annuelles qu'à la condition qu'une partie au moins équivalente sera payée par le département ou la commune.

ART. 13.

La subvention à allouer pour l'année de la mise en exploitation de la ligne sera calculée, d'après les bases indiquées dans les articles 13 et 36 de la loi susvisée, au prorata du temps écoulé depuis le jour de l'ouverture de la ligne jusqu'au 31 décembre suivant.

Chaque loi ou décret par lequel l'État s'engage à subventionner un chemin de fer d'intérêt local ou un tramway fixe le maximum de la charge annuelle qui peut résulter pour le Trésor de l'application des articles 13 ou 36 de la loi susvisée, de manière que le montant réuni de ces maxima ne dépasse, en aucun cas, la somme de 400,000 francs fixée par l'article 14 pour l'ensemble des lignes situées dans un même département.

ART. 15.

Le Ministre des travaux publics et le Ministre des finances sont chargés, chacun en ce qui le concerne, de l'exécution du présent décret, qui sera promulgué au Journal officiel et inséré au Bulletin des Lois.

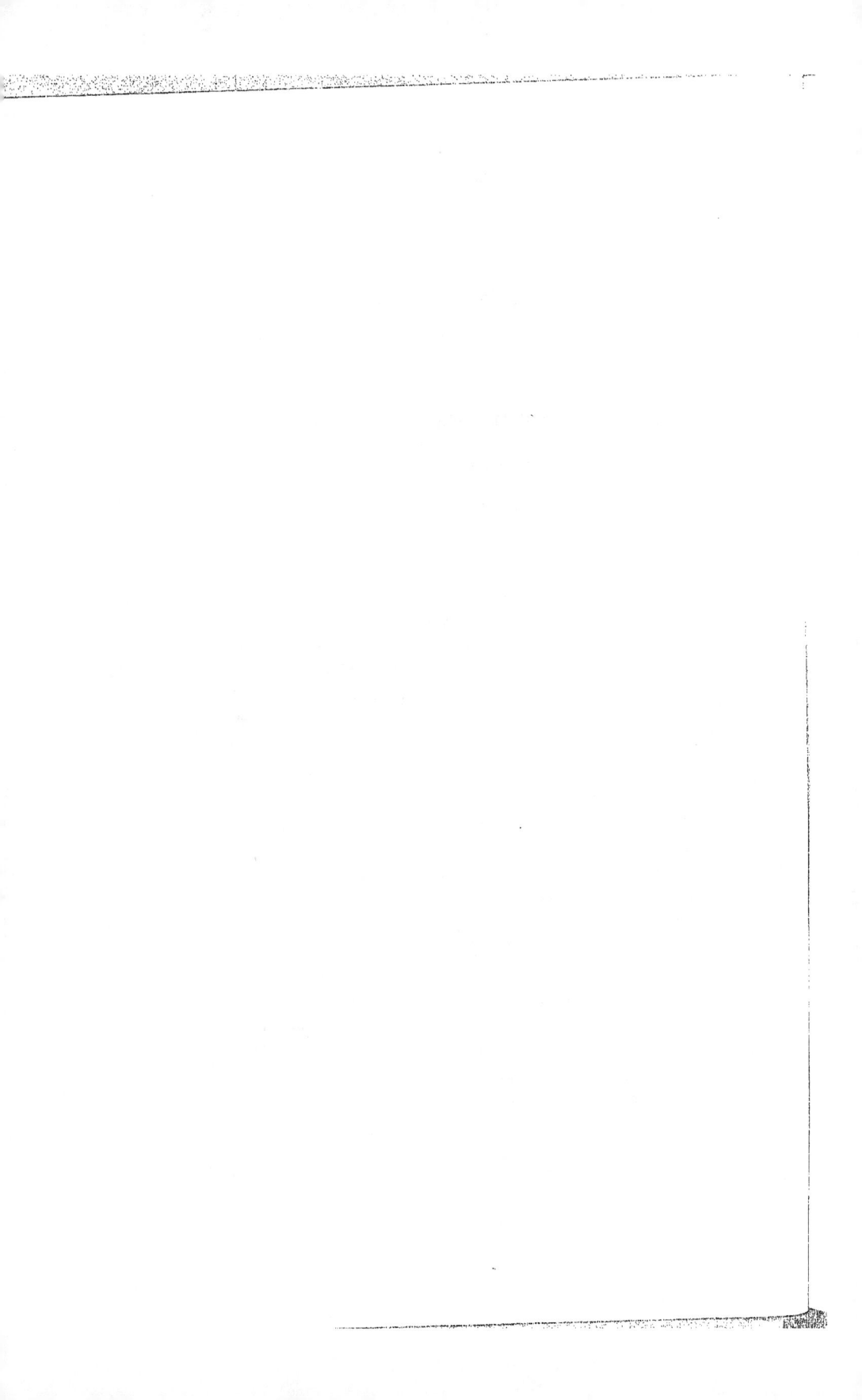

LOI DE FINANCES DU 13 AVRIL 1898.

(EXTRAIT.)

—

SERVICES RÉGULIERS DE VOITURES AUTOMOBILES.

—

ART. 86.

Lors de l'établissement de services réguliers de voitures automobiles destinés au transport des marchandises en même temps qu'au transport des voyageurs et subventionnés par les départements ou les communes intéressés, l'État peut s'engager, dans les limites déterminées conformément à l'article 14 de la loi du 11 juin 1880, à concourir au payement des subventions, sans que la durée pour laquelle l'engagement est contracté puisse dépasser dix années.

Les subventions de l'État ne peuvent être accordées qu'à des entreprises justifiant de moyens d'action suffisants pour transporter chaque jour, sur toute la longueur desservie, au moins 10 tonnes de marchandises, à une vitesse moyenne de 6 kilomètres, et 60 voyageurs avec 2 tonnes de bagages et messageries, à une vitesse moyenne de 12 kilomètres.

La subvention de l'État, pour chaque exercice, est calculée d'après le parcours annuel des véhicules et leur capacité en marchandises, voyageurs, bagages et messageries. Elle ne peut dépasser deux cent cinquante francs (250 fr.) par kilomètre de longueur des voies publiques desservies quotidiennement, ni être supérieure à la moitié de la subvention totale allouée par les départements ou les communes, avec ou sans le concours des intéressés.

20.

Toutefois, elle peut atteindre trois cents francs (300 fr.) par kilomètre et les trois cinquièmes de la subvention totale dans les départements où la valeur du centime additionnel aux quatre contributions directes est comprise entre 20,000 et 30,000 francs; elle peut atteindre trois cent cinquante francs (350 fr.) par kilomètre et les deux tiers de la subvention totale dans les départements où cette valeur est inférieure à 20,000 francs. La subvention de l'État ainsi calculée ne peut se cumuler avec aucun subside régulier imputé sur les fonds inscrits au budget, en dehors des allocations qui seraient obtenues à la suite d'adjudications passées pour l'exécution d'un service public.

Le contrat qui alloue la subvention pour le payement de laquelle le concours de l'État est demandé détermine les localités à desservir, le nombre et la capacité minima des véhicules, le nombre minimum des voyages et leur durée maxima, le montant maximum des prix à percevoir pour le transport et les pénalités encourues en cas d'inexécution de ces engagements. Il est approuvé, sur le rapport du Ministre des travaux publics, par un décret délibéré en Conseil d'État, qui fixe le montant maximum du concours annuel de l'État.

Un règlement d'administration publique déterminera les formes à suivre pour justifier de l'exécution des services subventionnés par l'État et les conditions dans lesquelles les comptes sont arrêtés par le préfet ou, en cas de désaccord, par le Ministre des travaux publics, après avis du Ministre des finances, sauf le recours au Conseil d'État des départements et communes intéressés ou de l'entrepreneur.

DÉCRET DU 10 MARS 1899

portant règlement d'administration publique et relatif
à la circulation des automobiles (1).

ARTICLE PREMIER.

Est soumise aux prescriptions du présent règlement la circulation, sur la voie publique, des véhicules à moteur, mécanique ou autres que ceux servant à l'exploitation des voies ferrées.

SECTION I.

Automobiles avec ou sans avant-train moteur, à boggie ou non, circulant isolément.

TITRE Iᵉʳ.

MESURES DE SÛRETÉ.

ART. 2.

Les réservoirs, tuyaux et pièces quelconques destinés à contenir des produits explosifs ou inflammables seront construits de façon à ne laisser échapper ni tomber aucune matière pouvant causer une explosion ou un incendie.

ART. 3.

Les appareils devront être disposés de telle manière que leur emploi ne présente aucune cause particulière de danger et ne puisse ni effrayer les chevaux ni répandre d'odeurs incommodes.

---

(1) *Le préambule de ce décret est ainsi conçu :*
LE PRÉSIDENT DE LA RÉPUBLIQUE FRANÇAISE,
Sur le rapport des Ministres de l'intérieur et des travaux publics,
Le Conseil d'État entendu.

ART. 4.

Les organes de manœuvre seront groupés de façon que le conducteur puisse les actionner sans cesser de surveiller sa route.

Rien ne masquera la vue du conducteur vers l'avant et les appareils indicateurs qu'il doit consulter seront placés bien en vue et éclairés la nuit.

ART. 5.

Le véhicule devra être disposé de manière à obéir sûrement à l'appareil de direction et à tourner avec facilité dans les courbes de petit rayon. Les organes de commande de la direction offriront toutes les garanties de solidité désirables.

Les automobiles dont le poids à vide excède 250 kilogrammes seront munis de dispositifs permettant la marche en arrière.

ART. 6.

Le véhicule devra être pourvu de deux systèmes de freinage distincts, suffisamment efficaces, dont chacun sera capable de supprimer automatiquement l'action motrice du moteur ou de la maîtriser.

L'un au moins de ces systèmes agira directement sur les roues ou sur des couronnes immédiatement solidaires de celles-ci et sera capable de caler instantanément les roues.

L'un de ces systèmes ou un dispositif spécial permettra d'arrêter toute dérive en arrière.

Dans le cas d'un véhicule à avant-train moteur à boggie, l'un des systèmes de freinage à la disposition du mécanicien devra pouvoir agir sur les roues arrière du véhicule.

ART. 7.

La constatation que les voitures automobiles satisferont aux diverses prescriptions ci-dessus sera faite par le service des mines, sur la demande du constructeur ou du propriétaire. Pour les voitures construites en France, le fabricant devra demander la vérification de tous les types d'automobiles qu'il a établis ou établira. Pour les voitures de provenance étrangère, l'examen sera fait avant la mise en service en France, sur le point du territoire désigné par le propriétaire de la voiture.

Lorsque le fonctionnaire des mines délégué à cet effet aura constaté que la voiture présentée satisfait aux prescriptions réglementaires, il dressera de ses opérations un procès-verbal dont une expédition sera remise soit au constructeur, soit au propriétaire, suivant le cas.

Le constructeur aura la faculté de livrer au public un nombre quelconque de voitures suivant chacun des types qui auront été reconnus conformes au règlement. Il donnera à chacune d'elles un numéro d'ordre dans la série à laquelle elle appartient et il devra remettre à l'acheteur une copie du procès-verbal et un certificat attestant que la voiture livrée est entièrement en conformité du type.

Chaque voiture portera en caractères bien apparents :

1° Le nom du constructeur, l'indication du type et le numéro d'ordre dans la série du type ;

2° Le nom et le domicile du propriétaire.

En cas de refus par les ingénieurs des mines de dresser un procès-verbal constatant que le véhicule présenté satisfait aux prescriptions réglementaires, les intéressés pourront faire appel au Ministre des travaux publics, qui statuera après avis de la Commission centrale des machines à vapeur.

TITRE II.
MISE EN CIRCULATION.

ART. 8.

Tout propriétaire d'un automobile devra, avant de le mettre en circulation sur les voies publiques, adresser au préfet du département où il réside une déclaration dont il lui sera remis récépissé. Cette déclaration sera communiquée sans délai au service des mines.

ART. 9.

La déclaration fera connaître le nom et le domicile du propriétaire.

Elle sera accompagnée d'une copie du procès-verbal dressé en vertu de l'article 7.

ART. 10.

La déclaration faite dans un département suffira pour toute la France.

TITRE III.

CONDUITE ET CIRCULATION.

ART. 11.

Nul ne pourra conduire un automobile s'il n'est porteur d'un certificat de capacité délivré par le préfet du département de sa résidence, sur l'avis favorable du service des mines.

Un certificat de capacité spéciale sera institué pour les conducteurs de motocycles d'un poids inférieur à 150 kilogrammes.

ART. 12.

Le conducteur d'un automobile sera tenu de présenter à toute réquisition de l'autorité compétente :

1° Son certificat de capacité ;

2° Le récépissé de déclaration du véhicule.

ART. 13.

Les divers organes du mécanisme moteur, les appareils de sûreté, la commande de la direction, les freins et leurs systèmes de commande, ainsi que les transmissions de mouvement et les essieux, seront constamment entretenus en bon état.

Le conducteur devra vérifier fréquemment par l'usage le bon état de fonctionnement des deux systèmes de freinage.

ART. 14.

Le conducteur de l'automobile devra rester constamment maître de sa vitesse. Il ralentira ou même arrêtera le mouvement toutes les fois que le véhicule pourrait être une cause d'accident, de désordre ou de gêne pour la circulation.

La vitesse devra être ramenée à celle d'un homme au pas dans les passages étroits ou encombrés.

En aucun cas, la vitesse n'excédera celle de 30 kilomètres à l'heure en rase campagne et de 20 kilomètres à l'heure dans les agglomérations, sauf l'exception prévue à l'article 31.

ART. 15.

L'approche du véhicule devra être signalée en cas de besoin au moyen d'une trompe.

Tout automobile sera muni à l'avant d'un feu blanc et d'un feu vert.

ART. 16.

Le conducteur ne devra jamais quitter le véhicule sans avoir pris les précautions utiles pour prévenir tout accident, toute mise en route intempestive, et pour supprimer tout bruit du moteur.

SECTION II.

Automobiles remorquant d'autres véhicules.

TITRE IV.

MESURES DE SÛRETÉ.

ART. 17.

Les automobiles remorquant d'autres véhicules ne pourront circuler sur les voies publiques qu'autant qu'ils satisferont, en ce qui concerne les appareils moteurs, les organes de transmission, de freinage et de conduite, aux prescriptions des articles 2, 3, 4, 5, 6 du présent règlement.

ART. 18.

Indépendamment des freins de l'automobile prévus par l'article 6, chaque véhicule remorqué sera muni d'un système de freins suffisamment efficace et rapide, susceptible d'être actionné soit par le mécanicien à son poste sur l'automobile, soit par un conducteur spécial.

ART. 19.

Les véhicules remorqués porteront, en caractères bien apparents, le nom et le domicile du propriétaire.

ART. 20.

Aucun automobile destiné à remorquer d'autres véhicules ne pourra être mis en service qu'en vertu d'une autorisation du préfet, délivrée après avis du service des mines.

Le fonctionnaire délégué à cet effet visitera l'automobile et pourra procéder à des essais ayant pour but de constater qu'il ne présente aucune cause particulière de danger en raison du service auquel il est destiné.

L'autorisation délivrée à la suite de ces vérifications sera valable pour tous les départements.

TITRE V.

MISE EN CIRCULATION.

ART. 21.

Nul ne pourra faire circuler dans un département des automobiles remorquant d'autres véhicules, sans une autorisation délivrée par le préfet de ce département, après avis soit de l'ingénieur en chef des ponts et chaussées, soit de l'agent voyer en chef, ou de ces deux chefs de service, suivant la nature des routes et des chemins empruntés.

La demande devra indiquer :

1° Les routes et chemins que le pétitionnaire a l'intention de suivre ;

2° Le poids de l'automobile, celui de chacun des véhicules chargés et la charge maximum par essieu ;

3° La composition habituelle des trains et leur longueur totale.

ART. 22.

L'autorisation déterminera les conditions particulières de sécurité auxquelles le permissionnaire sera soumis, indépendamment des prescriptions générales du présent règlement.

Les intéressés pourront faire appel de la décision du préfet devant le Ministre des travaux publics, qui statuera après avis de la Commission centrale des machines à vapeur.

TITRE VI.

CONDUITE ET CIRCULATION.

ART. 23.

Tout train portera, la nuit, un feu rouge à l'arrière, sans préjudice du feu blanc et du feu vert prévus par l'article 15.

21.

ART. 24.

La vitesse des trains en marche ne dépassera pas 20 kilomètres à l'heure en rase campagne et 10 kilomètres à l'heure
dans les agglomérations.

ART. 25.

Lorsque les freins des véhicules remorqués ne seront pas
actionnés par le mécanicien, la manœuvre de ces freins sera
confiée à des conducteurs spéciaux dont le nombre sera
proportionné à l'importance du convoi, eu égard aux déclivités du parcours et à la vitesse de marche.

Dans tous les cas, des dispositions efficaces seront prises
pour empêcher toute dérive en arrière des véhicules remorqués.

ART. 26.

Le stationnement de trains sur la voie publique ne devra,
en aucun cas, gêner la circulation ni entraver l'accès des
propriétés.

Pour les services publics de voyageurs, les points de stationnement seront désignés par l'arrêté préfectoral d'autorisation.

ART. 27.

La marche, la conduite et l'entretien des automobiles et
des véhicules remorqués seront soumis aux prescriptions
des articles 11, 12, 13, aux deux premiers alinéas de l'article 14, ainsi qu'aux articles 15 et 16 du présent règlement.

ART. 28.

Les dispositions du présent règlement, à l'exception des
articles 18 à 27, seront applicables aux automobiles remorquant une voiturette dont le poids, voyageur compris, ne
dépasse pas 200 kilogrammes, pourvu que les freins soient
capables de servir efficacement pour l'ensemble.

SECTION III.

TITRE VII.

DISPOSITIONS GÉNÉRALES.

ART. 29.

Indépendamment des prescriptions du présent règlement, les automobiles demeureront soumis aux dispositions des règlements sur la police du roulage.

ART. 30.

L'appareil d'où procède la source d'énergie sera soumis aux dispositions des règlements sur les appareils du même genre, en vigueur ou à intervenir.

ART. 31.

Les courses de voitures automobiles ne pourront avoir lieu sur la voie publique sans une autorisation spéciale délivrée par chacun des préfets des départements intéressés, sur l'avis des chefs des services de voirie.

Cette autorisation ne dispensera pas les organisateurs des courses de demander, au moins huit jours à l'avance, pour chacune des communes intéressées, l'agrément du maire. La vitesse pourra excéder celle de 30 kilomètres à l'heure en rase campagne; elle ne pourra, en aucun cas, dépasser celle de 20 kilomètres à l'heure dans les agglomérations.

ART. 32.

Après deux contraventions dans l'année, les certificats de capacité délivrés en vertu de l'article 11 du présent règlement pourront être retirés par arrêté préfectoral, le titulaire entendu et sur l'avis du service des mines.

art. 33.

Les contraventions aux dispositions qui précèdent seront constatées par des procès-verbaux et déférées aux tribunaux compétents, conformément aux dispositions des lois et règlements en vigueur ou à intervenir.

art. 34.

Les attributions conférées aux préfets des départements par le présent décret sont exercées par le préfet de police dans toute l'étendue de son ressort.

art. 35.

Les Ministres de l'intérieur et des travaux publics sont chargés, chacun en ce qui le concerne, d'assurer l'exécution du présent décret, qui sera publié au Journal officiel et inséré au Bulletin des lois.

DÉCRET DU 24 FÉVRIER 1900

portant règlement d'administration publique pour l'exécution de l'article 86 de la loi de finances du 13 avril 1898 (1).

(Subventions à des services publics par automobiles.)

ARTICLE PREMIER.

Tout entrepreneur de service régulier de voitures automobiles subventionné par l'État constate sur un registre à souche, coté et paraphé, la mise en marche de chaque voiture.

Il inscrit à cet effet, pour chaque voyage, tant sur la souche que sur le feuillet à détacher :

1° Lè jour et l'heure du départ ;

---

(1) *Le préambule de ce décret est ainsi conçu :*

LE PRÉSIDENT DE LA RÉPUBLIQUE FRANÇAISE,

Sur le rapport du Ministre des travaux publics,

Vu l'article 86 de la loi de finances du 13 avril 1898, relatif aux subventions de l'État pour les services réguliers de voitures automobiles, et, notamment, le dernier paragraphe ainsi conçu :

« Un règlement d'administration publique déterminera les formes à suivre pour justifier de l'exécution des services subventionnés par l'État et les conditions dans lesquelles les comptes sont arrêtés par le Préfet ou, en cas de désaccord, par le Ministre des travaux publics, après avis du Ministre des finances, sauf le recours au Conseil d'État des départements et communes intéressés ou de l'entrepreneur » ;

Vu le rapport de la commission spéciale instituée par décision ministérielle du 16 juillet 1898 ;

Vu la lettre du Ministre des finances, en date du 6 décembre 1899 ;

Le Conseil d'État entendu.

2° Le numéro d'ordre de la voiture et sa capacité en marchandises, voyageurs, bagages et.messageries ;

3° Le lieu de départ, le lieu de destination et la distance à parcourir.

Le feuillet est remis au départ au conducteur, qui y inscrit l'heure d'arrivée au lieu de destination, puis l'heure de départ et d'arrivée pour le voyage de retour. Le feuillet est ensuite rapporté à la souche.

ART. 2.

Dans chaque département, le préfet nomme, parmi les fonctionnaires du service des ponts et chaussées ou du service des contributions indirectes, un ou plusieurs agents qui sont chargés du contrôle des services d'automobiles subventionnés. Ce contrôle a pour but de vérifier si l'entrepreneur remplit les conditions, qui, d'après le décret approuvant son contrat, lui donnent droit aux subventions, et d'établir le montant de ces subventions.

Les contrôleurs cotent et paraphent, sur les feuillets à détacher, les registres de l'entrepreneur. Ils ont le droit de consulter ces registres et tous les documents qu'ils jugent utiles à leur mission. Ils peuvent faire sur place ou établir par témoins toutes les constatations nécessaires.

ART. 3.

L'entrepreneur adresse aux agents du contrôle, pour chaque mois, avant le 10 du mois suivant, un relevé du registre à souches dont la tenue est prescrite par l'article 1ᵉʳ, établissant le parcours des véhicules, leur capacité en marchandises, voyageurs, bagages et messageries, pendant le mois précédent, et la durée de chaque voyage.

Il adresse au préfet, pour les transports de chaque année, avant le 10 janvier suivant, un mémoire justifiant son droit aux subventions et un décompte établissant le montant de la somme dont il demande le payement.

Ce mémoire et ce décompte sont communiqués pour avis aux agents du contrôle, qui les retournent au préfet, avant la fin de janvier, avec leurs propositions.

ART. 4.

Le dossier est ensuite soumis par le préfet à l'examen d'une commission nommée par lui et composée :

D'un membre du conseil général du département ;

D'un ingénieur des ponts et chaussées ;

D'un fonctionnaire de l'administration des contributions indirectes.

Cette commission renvoie le dossier au préfet avec son avis, avant la fin de février.

Si l'examen du dossier n'a pas révélé de difficultés, le préfet arrête définitivement le montant des subventions dues par l'État, le département ou les communes.

En cas de difficultés, le préfet transmet le dossier, avec son avis, au Ministre des travaux publics, qui arrête les comptes, après avoir pris l'avis du Ministre des finances, conformément à l'article 86 de la loi de finances du 13 avril 1898.

ART. 5.

Le Ministre des travaux publics et le Ministre des finances sont chargés, chacun en ce qui le concerne, de l'exécution du présent décret, qui sera inséré au Bulletin des lois.

TABLE.

—

www.ingramcontent.com/pod-product-compliance
Lightning Source LLC
Chambersburg PA
CBHW072356200326
41519CB00015B/3778